U0515020

郭沛沛 著

短视频平台中的身体表演与身份认同

Body Performance and Identity on the
Platforms of Short Video

社会科学文献出版社
SOCIAL SCIENCES ACADEMIC PRESS (CHINA)

谨以此书献给我的姥爷

我很想他

前　言

我崇尚一切可以承载生命的事物。

我曾多次尝试为本研究的合法性找到最切合的根基，直到我听到一个故事。

我有一个叔父，是我们村最不安分守己的人。年轻时出去跑江湖，学了一点硬气功，然后带了一个草台班子回来，在各个村子来回巡演。有一天晚上大家一起乘凉，不知怎么说起来，他说，如果他能够上电视，"枪毙"他都行。

这是一位资深媒体人对我的讲述。以他的眼界，他大可以站在长安街的角度为我的选题立意，但他只是平静地回忆，然后在氤氲中沉默许久。这位叔父的生平不详，从断断续续的履历和古早的用词中猜想，他的学历应该也不会太高。我不知叔父看到今日媒介发展的光景是否会有一丝慰藉，但随着那晚日暮落下的，应该还有无数像这位叔父一样的人深埋在心底的叹息——垂暮且无人问津，是他们在这个世上最根本的怀疑。

我小时候在农村，对于这样的故事屡见不鲜。姥爷时常背着一台破旧的黑白电视机去街口的小店修理，来来回回，直到最后一次被告知显像管已经彻底不能更换，他才肯放弃，但他依旧用一块白色纱巾认真地把它包好，再小心翼翼地背回来。姥爷家里什么时候换的彩色电视机我已经不记得，但我记得自此之后总有那么几拨人好像商量好了似的在每天的固定时刻端着碗陆陆续续出现在家中。我也不记得他们的具体言谈，大抵不过张家长李家短，但我能够清晰地记得他们手上的裂纹、额头的沟壑。他们很少安静，只有在电视闪过灯红酒绿、形形色色之时，他们的眼神中才会显露一种不知名的失色，被我察觉，然而这种失色很快又湮没在他们笨拙的点评和剧情交流之中。

我对眼神的印象是深刻的，我总能精准地捕捉平静的表面之下想要掩盖的一切——那是一种对文明的向往，是对不属于他们的生活的一种仰望。姥爷的一生是扎实的一生，然而没有人知道；村里的故事每天都在上演，然而也没有人知道。正如那位叔父一样，他们懵懵懂懂地感知到了外面的世界，却永远待在了方圆不过几里的乡村。

或许从那时起，对于某种宿命的追问已埋在我的心中。这并不是一个电视引发的临时命题，确切地说，那种对于自身确认的原始冲动无论在哪个年代都从未消失。当下，"世界被把握为图像"，短视频平台为公众进行个体表达和社会交往提供了新场所，那位叔父想上电视的愿望不一定能够实现，但这种焦虑一定会在某种程度上被消解。毕竟，相对于现实，对于可能性的希望才更有力量。说到底，多数人奋斗一生，追求的也不过是一个"被看见"的机会。

从这个意义上讲，我们应该感谢技术，它让生命得到如此鲜活的呈现，并给予我们在更广阔的空间考察每个个体独特生命叙事的绝佳机会。我好奇并迫不及待地希望进入其中。我希望知道他们是如何活着的，希望知道他们是如何感知痛苦、幸福、喜悦、悲伤……我希望知道他们如何评价岁月，希望知道蓦然回首，在历史长河中是否有属于我们这一代的星光……我希望知道我应该如何存活。

这不是一件容易的事，但并不意味着我们就此而放弃努力。

是为记。

目 录 CONTENTS

绪论
以他者重回自身

一 问题：从一个不能忽视的文化现象说起 / 001

二 对象：我关心青年 / 003

三 概念：主题登场 / 007

　（一）身份认同 / 008

　（二）身体与身体表演 / 016

四 理论：身份认同何以可能 / 021

　（一）保罗·利科的话语理论 / 022

　（二）"三重摹创" / 024

　（三）叙事身份/认同 / 028

五 方法：普遍观察与重点分析 / 030

第一章
作为"文本世界"的短视频

一　脉络：不是所有的"短"视频都叫"短视频" / 036

二　成因：多重耦合 / 039

（一）技术外因 / 039

（二）公众动因 / 041

（三）社会心理诱因 / 045

三　社交：让"间距"显现 / 048

（一）短视频平台的功能性设置 / 050

（二）以人为媒的社交关系再造 / 052

第二章
当代青年在短视频平台中的身体表演

一　基于真实生活的身体表演 / 062

二　基于文化认同的身体表演 / 068

（一）传统文化的传承者与传播者 / 069

（二）青年亚文化的参与者与推广者 / 072

三 基于职业认同的身体表演 / 074

（一）知识生产的创新者与推动者 / 074

（二）新职业形象的代言者与彰显者 / 078

四 基于阶层认同的身体表演 / 081

（一）消费娱乐的践行者与引领者 / 081

（二）"城市生活"和"农村生活"的体验者

与倡导者 / 083

第三章
当代青年在短视频平台中的叙事与身份认同

一 身体作为工具彰显自身 / 094

二 叙事作为中介缝合生命故事 / 101

（一）个性化与圈层化标识寻找归属 / 103

（二）"情节化"整合内心 / 110

三 想象与现实中确认身份 / 117

（一）身份再生产：社交想象增进身份认同 / 118

（二）跟随与模仿：他者生活照进主体行动领域 / 122

第四章
叙事身份与"我"之嬗变

一　身份凸显：注意力稀缺时代积累社会资本 / 129

　　（一）异质性他者迅速跻身"顶流" / 132

　　（二）新一代电商挑战阶层跃迁 / 140

二　叙事转变：青年心理主导接受美学 / 144

　　（一）主流媒体叙事话语被倒逼革新 / 145

　　（二）特色化叙事深受青睐 / 148

三　"我"之嬗变：表达的"内卷"与成名的"幻象" / 156

结　语 / 163

参考文献 / 165

以他者重回自身

我们需要做事，以证明我们活着。

一 问题：从一个不能忽视的
文化现象说起

相信你已经注意到，短视频已全面侵入我们的生活。这不仅来自经验性的观察，更有数据的支撑。中国电视剧制作产业协会（2019）发布的《中国电视剧（网络剧）产业调查报告》显示，在用户规模上，短视频以 32% 的同比增速达到了 8.21 亿人的月活跃用户数，且在使用时长上首次超过长视频；2020 年，抖音、快手等短视频平台宣称用户注册规模超过 8 亿人，以当时我国 9.86 亿人的手机网民总规模来说，所占比例极高，称之为"国民短视频平台"一点也不为过；《中国网络视听发展研究报告（2023）》（中国网络视听节目服务协会，2023）最新数据显示，截至2022年12月，我国短视频用户规模增长至10.12亿人，人均单日使用时长为168分钟，超过2.5个小时。

这是一个可怕的数字。这意味着除工作和睡觉外，我们有超过1/4的闲暇时间被短视频支配。我无意赞颂短视频平台在商业上的成功，事实上，技术的革新助推传播媒介的变迁在人类传播历史的演进中并不稀奇。然而当一种媒介可以像短视频一样吸纳如此大的用户规模，或者说，可以让用户心甘情愿献出自己的时间以成就其伟大时，这种现象就不得不引起人们的关注。

短视频为什么那么火？它到底有何魔力？这一系列直观问题是促使我不断深入以期窥探个中秘密的最初原因。这当然跟短视频及其平台的物质属性有关，我会在后面介绍。从以上论述可以看出，与其说我关注短视频火爆的现象，不如说我更关注其中的人，他们背后的心理驱动是我跃跃欲试期待挖掘的巨大宝藏。从现象上看，我们可以明确感知，普通公众已可以自主接触和使用短视频这种技术门槛较低的表达工具，且存在强烈的主观表达意愿。根据马斯洛需求层次理论，随着社会环境的稳定和物质条件的富足，公众在实现了生理需求和安全需求的前提下，必然对更高的社会需要和自身价值展开追求。那么，短视频满足了公众哪些更高层次的需求，又是如何满足的，便成为本书继续追问的问题。

二　对象：我关心青年

对于短视频的影响以及公众心理动因的考察，显然是一个过于宏大的命题。本书选取青年为研究对象，一是从经验以及科学的角度出发，这一群体在短视频平台用户中的占比最高，选取这一群体作为研究对象具有典型性和可行性；二是作为青年群体的一员，对于该群体命运的关心也必然使我将目光自觉投向这一群体，至少，我更希望真正地了解他们，并愿意为之付出努力。

值得一提的是，在当下的学术研究中，以青年为研究对象的并不算少。周晓虹（1988）在考察青年文化时指出，对于中国青年文化缺乏正确认识，在很大程度上在于我们往往将青年文化视为某种消极现象。这一现象虽然现在有所改善，但仍对青年内心需求的关照不足、对青年现实需要的认识不清，这对于青年群体树立积极的情感归属和价值认同产生不利的影响。因此，我有必要澄清一些事实。

开始研究前，我们仍需对青年年龄的界定和选取做一个说明。作为社会变革的重要力量，青年一直被寄予厚望，然而学界对青年概念的研究尤其是对青年年龄的界定尚未统一，世界各国目前也无明确的统计口径。我国对共青团员的年龄界定为 14~28 岁；世界卫生组织在1992 年根据全球人的身体素质和平均寿命，将青年界定为 14~44 岁；黄志坚（2003）在对青年年龄界定的研究中总结道，"表现在下限年龄上的差异有 3 个：13、14 和15。表现在上限年龄中的差异多达 10 个：24、25、28、29、30、39、40、44、45 和 49"；李毅红（2007）根据当代社会发展变化的客观实际，提出应将青年的年龄界定为 18~35 岁。

冷熙亮（1999）根据考察角度和研究侧重点的不同，将对青年年龄界限划分的研究归纳于生理发育、心理发展、社会化、文化、政策法律、人口、教育七个角度。由此可见，出于不同学科领域或政策要求，人们对青年的概念和年龄界定的评判标准是在不断变化和发展的，因此也有学者（郗杰英、杨守建，2008）从现实情况出发，认为人生各个阶段之间的界限本身就是模糊的，在以年龄来划分这些界限时，要考虑工作的实际情况，确定一个相对合理且有弹性的年龄范围，以符合时代的发展和具体工作的需求。

"青年"不仅意味着生理上的成熟和单一的年龄标准，而且更多地体现为一种人格的独立和社会认同。随着我国物质条件的丰富和精神文明的推进，尤其是处于当下信息量和知识量爆炸、社会关系极度复杂的网络环境中，人们完成学业以及社会化的难度有所增加，过程必然延长，若以 28 岁为青年的年龄上限未免严苛。尤其是在重大科研和学术领域，对于青年科学家的评选年龄上限一般设置为 45 岁，有的高达 49 岁，比如 2002 年北京"首届优秀青年企业家"的 30 位候选人，他们的平均年龄为 39 岁（黄志坚，2003）。此外，除了年龄的划分，郗杰英、杨守建（2008）认为，青年的概念还体现为一种自我感知，是自我从自身身体机能和心态上的判别，虽然从社会认同的角度上讲有些人已经过了青年期，但他们在自我认同的维度上仍将自己认知为青年人。

联合国教科文组织（1968）发布的报告中，在对"青年"的概念进行三种不同的界定后指出，在实践中，因青年群体社会、经济、心理等条件存在较大差异，人们往往很难对其有统一且全面的定义。对于这一问题的研究，应根据社会实践情况，保持最大限度的开放性与包容性。

因此，本书认为青年是一个相对概念，青年不仅包含构成其规范基础的年龄特征，更包含广义上由"年轻"（强调心理状态）赋予其的边界模糊性，带有随意性和经验性的认知特征（吴烨宇，2002）。结合我国目前78.2岁的平均寿命（国家卫生健康委员会，2022），本书将研究对象——短视频平台中的当代青年的年龄范围选取为14~45岁。

改革开放以来，我国的物质生活已极为丰富，青年群体的自我意识和自我表达需求已较完整地形成，并且在自我追求和价值实现的方式设定上呈现鲜明且与上一辈人迥异的特征。青年群体对自我形象的认知和身份认同决定了其行为模式，短视频平台的出现给予了他们自我呈现并借此重新找寻和确认自我身份的机会。

本书即是由短视频平台表现出的繁盛景象入手，对其中当代青年的行为及其背后暗含的深层次心理动机进行分析，以期揭示当下我国社会转型时期青年群体的社会心理变迁及互联网媒介平台在青年群体个人成长和自我确认中承载的功能。

三 概念：主题登场

让我来揭晓答案。我看到过很多答案，或者说，我们可以从不同的方面来寻找答案。比如公众使用短视频是为了消遣，为了缓解压力，在这一点上短视频的效力有目共睹。事实上，媒介作为社会"解压阀"的作用一直存在。但哪怕以游戏行业为参照，其娱乐功能都不足以吸引如此多的用户且在各年龄段分布广泛。很快，有人注意到了短视频提供的自我表达和社交功能，并为之冠以诗意的名称——"被看见"的力量。这些当然对个体的成长和发展具有重要意义。

可是，我还不满足，我还想再继续追问一句，"被看见"对个体来说为什么那么重要？自我表达又是为了追求什么？我百思不得其解，以我有限的体悟，这似乎——并且除此之外我也再找不到其他解释，只能指向一个贯穿人类永恒历史的命题——认识你自己，或者说，寻找认同。

或许你会说，如果按照这样的逻辑，人类的任何行为都可以以此解释。是的，在某种程度上确实可以这么理解。但除知晓身份认同这一"目的地"之外，中间还有"路径"的问题需要我们考虑，即是否每一种选择都有助于我们通往这一"目的地"，如果是，这种路径又何以能帮助我们到达这一"目的地"。以此来考察，本书的研究问题即可转换为以下几个层次。

（1）短视频平台吸引当代青年参与的主要原因是什么？或者说，当代青年参与短视频生产的心理动机是什么？

（2）借助短视频，当代青年表达了什么？呈现了哪些形象？为何要进行如此的表达与呈现？

（3）当代青年是通过什么样的手段与方式进行表达与呈现的？这些表达与呈现如何体现身份认同？短视频义何以能帮助他们实现身份认同？

（4）短视频平台上的身份认同对当代青年的现实生活有何影响？

这也正是本书接下来的章节脉络，我会在后续每一章中，分别对上述问题展开探讨，并努力做出回答。在正式踏上寻找自我这一旅程前，让我把我们所要前往的"目的地"以及沿途可能需要的"工具"详细介绍清楚。

（一）身份认同

认同作为一个学术概念，最初由精神分析学派代表人物弗洛伊德在研究歇斯底里症时提出，他认为认同是一个人与他人、群体或模仿人物在感情上心理上趋同的过程，是一种个体与他人有情感联系的最早的表现形式（转引自车文博，1988）。虽然弗洛伊德当初仅仅是把认同当作一种心理防御机制，但从这一定义中依然可以看出，认同这一概念最初便暗含了主客体两部分的存在以及它们之间的"投射"关系。不过，弗洛伊德的分析路径是以个体本能的角度为出发点，认为对个体和群体的感知与维系是出于一种内心原生的情感。因此，弗洛伊德的分析具有明显的内省式倾向，这虽然从个体的生物性视角考察具备一定的合理性，但悬置了社会关系和社会整体环境对一个人本质的影响，这也成为弗洛伊德颇受争议和遭人质疑的主要原因之一（王歆，2009）。

人是社会关系的总和，仅从生物性的角度出发对包含个体意识、情感倾向的能动选择过程进行释义多显脆弱。20世纪初，社会心理学家查尔斯·库利从社会互动的角度考察自我和认同的构建。他提出了著名的"镜中我"的概念，用以阐释社会互动和社会情境在个体自我意识和自我概念形成过程中的影响，旗帜鲜明地与把生物性作为人的主要特性的这种观点决裂，并提出另一种路径，强调他者的力量。库利认为，每个人心中都有一面镜子，映照着自我和他人，人通过想象自我在他人心中的形象来认识自己，并在与他人的互动以及他人的评价过程中不断修正自我的认知。之后乔治·米德继续发展该概念，并在此基础之上提出主我（I）和客我（me）的概念，强调自我是"主我"与"客我"的互动，即符号互动理论的主要思想。

如果说弗洛伊德为认同给出了心理上趋向他人的指向，那么库利和米德的符号互动论则强调人的统一是在自我概念的构建之上，并深受外在社会交往与互动的影响。考察认同的词源"identity"或"identification"，包含了"一致性""同一性"的隐喻。而身份——作为个体在主客我之间的外在统一和社会中角色、地位的标识与称谓，对其的认知和构建必然离不开自我理论和认同理论的框架与范畴（事实上，身份的词源也是"identity"），因此，有学者认为"identity"本身便有身份认同的含义（王莹，2008）。

国内外对于身份认同的研究著述颇丰，诸多学科领域试图从不同角度对身份认同予以探究。在哲学中，对于主体的追问从未停歇过，身份认同问题贯穿人的成长始终，并作为对个体存在和生命意义的体现与彰显而居于核心位置，它体现了一种对持续性和价值的拷问。在心理学中，个人内心的调适与整合对一个人的健康成长具有至关重要的作用，身份认同即是个体完成认知、人格等的统一，形成一种相对稳固和具有连续性的心理状态。在社会学中，身份认同体现为对个人社会身份或社会角色的确认，影响着人际关系资源和社会关系网络（华桦，2008）。陶家俊（2004）按其主体论的发展认为身份认同理论历经了三次大裂变，形成了启蒙身份认同、社会身份认同以及后现代去中心身份认同三种不同的模式。张淑华、李海莹、刘芳（2012）在对身份认同及与其有重要关系的概念进行阐释之后，认为身份认同是主观认同和客观认同的统一，它既是人们在自我主观意识上的认同，也是人们生活在客观世界中以特定符号、标识显示出来的认同。同时，他们把社会当作身份认同建构的重要场所，认为身份认同是"社会的产物"，一方面身份认同是需要个体在社会中逐渐建构确认的，另一方面社会也会以不同的符号与象征赋予个体身份意义。

综上可以看出，身份认同不仅仅是简单的个人心理变化过程，还包括人们对个人与社会的关系的认知。认同是连接个人行动和社会结构的一个关键概念，是在自我拷问和对他者关系的探索中共同完成的。因此，对于身份认同的讨论也需要从个体和社会两个层面展开（谭文若，2012），也即需要从与身份认同极度相关的两个概念——"自我认同"和"社会认同"两方面来考察。

1. 自我认同

自我认同由美国新精神分析学派代表人物埃里克森在 20 世纪 60 年代提出并引入社会心理学领域。埃里克森继承了其师弗洛伊德的精神分析理论，但又对弗洛伊德有关自我的理论进行了修正。与弗洛伊德论证的本我不同，埃里克森更强调一种比本我更加理性的自我（ego）。埃里克森将人生分为八个阶段，并认为自我认同是"自我在过去、现在和未来这一时空中，对自己内在的一致性和连续性的感觉，以及被人认识到其具有这种一致性和连续性的感觉"（白苏婷、秦龙、杨兰，2014）。也就是说，在人的一生中，会遇到很多诸如学习、职业、意义、价值等的机遇和选择，它们会引发人对自我发展和自我实现的反思和确认，自我认同也即是个体在过往经历、当下环境、未来预期等基础上对自身做出的判断和选择，以及选择之后进行维系，并也让他人感知这种内在一致性和统合性的过程。

由此可以看出，自我认同承认人是具有高度能动性的生物，是可以根据自我观感来选择同一性进行确认和塑造自我的，而这也是避免和解决"认同危机"的主要原因。此外，埃里克森提出的这一概念还强调自我认同是贯穿于人的一生的，是处于不断变化和调整之中的，并且人的这种"一致性和连续性的感觉"除了来自自我感觉，还受他人给予的反馈的影响。也就是说，埃里克森在某种程度上暗合了符号互动论的思想，将人的社会性作为主要方面，认识到了他人和社会环境在自我认同形成过程中的重要作用。

因此，自我认同是个人心理的一种追求，是人的能动性的体现，同时，人又是社会性的人，人的心理活动受社会的影响，自我认同的建构过程便是个人主观认同与他人认同互动的过程。

2. 社会认同

社会认同理论由亨利·泰弗尔（Tajfel，1978）提出，是在群体层面上的一种考察。泰弗尔将社会认同界定为"个体认识到自己属于特定的社会群体，同时也认识到作为群体成员带给他的情感和价值"（转引自张莹瑞、佐斌，2006）。换句话说，社会认同就是个体对自己所属群体的一种认同，是个人通过某个群体的成员资格来建立自己的身份认同。

社会认同理论认为，社会认同包含社会分类、社会比较和积极区分原则三个基本过程和假设。个体会通过社会分类，将自己划分为某一类别，自觉接受这一群体类别的特征，并会在这一过程中产生内群体偏好和外群体偏好。个体不仅会将积极正面的评价赋予所属群体，同时还热衷于群体间的比较，以所属群体的特异性或优越性来满足自尊的需求。当个体可以在群体中满足某种归属或情感需求时，个体会增强对于所属群体的认同，一旦个体感知自我在这一群体中无法获得心理满足，或所处群体的社会认同有负面倾向时，个体便会选择离开所属群体，并选择自认为更好和更符合自身的群体加入（Tajfel 和 Turner，1986）。

人不能脱离群体而存在，人的某些更高层次的心理需求也只能在群体中得到满足。赵志裕、温静、谭俭邦（2005）认为提高自尊、减低无常感或提高认知安全感、满足归属感与个性的需要、找寻存在的意义是人们追求社会认同的主要心理动机。此外，由于社会认同涉及群体比较，且人们主要在"差异"或"优越"中获得自尊，故而社会认同理论同时也提供了一条分析群体分歧和冲突的可行路径。

综上所述，如果说自我认同是个人自我的内在性认同，那么社会认同则是个人外显的社会位置和群体标识，它们共同完成了人对主体或身份的认知与构建。毋庸置疑，无论是作为学科的概念还是现实生活中的重要依托，认同问题都逃不开对"我是谁？我从哪里来？我要到哪里去？"这三大终极谜题的追问。认同问题就是主体问题这一结论已成为共识，存在争议的只是获取路径或是否最终可以到达的困惑。

本质主义的认同观以笛卡尔的"我思故我在"为基石，强调一种固定的、稳定不变的自我确认，周宪（2008）提出认同是个体在某种特定社会与文化关系中的定位。对于获取路径方面，周宪强调认同是由建构而来，是不断变动和迁移的。樊义红（2012）指出认同理论有从本质的认同论到建构的认同论的发展态势，但他认为认同的本质是本质主义与建构主义兼而有之的，只是以建构主义为主。

显然，以血缘、宗教等为基础的身份认同带有一定的先天性，但这种认同并非不可变更。因此，本书倾向于选择樊义红的认同观，认为认同是两者兼有，强调人为的能动的实践性在身份认同建构过程中的作用。

此外，本书还强调一种叙事身份，福柯（Foucault，1982）曾指出对主体的研究要转向话语实践的分析，塞缪尔·贝克特在其《无名的人》中写道，"我处于语言之中，由语言和其他人的言说所构成"（转引自李作霖，2012）。保罗·利科提出叙事理论，并将其定义为"人类通过叙事的中介所获得的那一种身份认同"（刘惠明，2010）。基于移动互联网而兴起的短视频带来了新的知觉和体验，也带来了新的叙事风格与表达方式，而这种新的叙事风格与表达方式又伴随传播及用户在传播过程中产生的不同理解而无形地渗入身份认同的构建之中。

（二）身体与身体表演

这里，再让我来介绍一种工具，一种我们长期使用但又常常被我们忽略的某种存在——身体。身体是短视频中重要的景观之一，也是本书的重点考察对象，它不仅作为物质实体彰显当代青年的"在场"，更是其寻求身份认同重要的手段与工具之一。无论是从主体性还是从日常生活的实践角度考察，身体作为实体始终"在场"，但又似乎隐而不现。

古希腊时期，身体与灵魂处于二元对立的框架中，柏拉图公开表示对身体的敌意，认为身体是灵魂自由的障碍。在柏拉图的理念中，灵魂是身体无法企及的，甚至只有不沾染身体的情欲，才可以获得灵魂的圣洁。因此，柏拉图一路为灵魂高歌，而将身体置于卑微且备受凌辱之地。直到文艺复兴之时，为了与宗教神学对抗，身体成为人们热情追求和赞美的对象，并以本体的形象出现在世人面前。这虽然使身体在一定程度上摆脱了禁锢，也创造了众多的艺术和文明，但它暗含一种报复性的工具之意味，身体的合法性并未真正确立。19 世纪初，尼采提出一切从身体出发，认为身体是个人决定性的基础，至此无视身体的意识彻底崩溃。此后，福柯以身体为武器构造自己的社会理论，提出身体是被权力摧毁的身体，也是被权力生产出来的身体。

米德认为自我只能在与他人的关系中存在。作为自我的外在形象和他人的直接观感来源，身体是一个无法绕开的屏障和对象。构建身份认同的过程，是个体不断对内感知自我、对外感知环境的过程，而身体作为个体自我意识的承载和裸露在社会环境中的直接体验者，在这两者中发挥重要的功能。黄剑（2012）指出，在一定程度上，身体是个体意识最初的起点，是人们形成最初级身份认同意识的基础。同时，身体的生物性特征也显示了个体的独特性，具备排他的唯一性和不可替代性。法国学者莫斯（Mauss，2006）认为，身体是人们可接触到的最自然也最首要的工具。有关身体技术的学习和技能的训练伴随人成长的始终，或者说，人的技术对象就是他的身体本身。

实际上，在个体社会化、社会互动、共同体的形成、仪式操演、社会控制等诸多方面，身体都成为一种重要的中介或工具。身体并不仅仅是承载个人的物质实体，更是个人与社会的连接，是一种行动主体对个人与现实环境进行能动性实践的重要工具。身体曾被视为反道德的、需要克制的，而在个人主义和消费主义盛行的市场化社会，身体本身即意味着道德、意味着生活理想，并成为多数社会成员的价值取向。多元文化和个人主义的思潮或风尚赋予了身体欲望的正当性，其在欲望的满足上亦借用了各种各样的意义表述，不管是高雅委婉的还是通俗直接的形式，都是对自我的一种全新诠释。

我还要再来解释一下，为什么用"表演"而非"表达"一词。从字面意思来看，"表达"通常指以语言、文字等形式来传达思想、情感或意图的过程，侧重于信息的传递和交流；"表演"则是指在特定场合下通过行为、动作、装扮等方式创造某种效果，展现某种形象，侧重于自我表现和观众感受。在短视频中，由于时空的限制以及希望快速获取用户注意力，直观的形象表现往往更具有视觉冲击力和艺术效果，也就更容易抓住用户的眼球。再者，这和短视频平台"公开""公共"的属性有关——当你发现被"凝视"（或察觉出有被"凝视"的可能）时，你的行为就是"表演"出来的。用户因为察觉在这个环境中有可能"被看到"——事实上多数人的意愿就是被更多的人"看到"，所以选择一种"形象管理"策略，即人们总会选择自己心中理想的形象来进行自我呈现（戈夫曼，1989）。

随着消费社会和视觉文化的到来，身体成为自我表演和构建身份认同的重要概念，众多视觉传播和短视频的相关研究也表明个体倾向于以最理想的自我形象示人。陶东风（2010）认为，身体、行为、姿态等已经成为自我标识的重要指示器，个体对于身体的感觉和价值认识已超越其他；许永超、陈俊峰（2015）指出，在社交网络的使用中，人们的行为已由此前的记录转向了表达与表演；王超（2020）在观察和分析短视频与直播内容后，认为身体表演已跃居核心地位；曾一果（2018）认为身体表演是网络女主播展开情感交流和满足社会诉求的重要形式；汪雅倩（2020）指出在短视频平台中积极的人格化表达对增强粉丝黏性具有重要作用；冯智明（2020）将个体在短视频中的展演视为一种自我呈现和寻找认同的行为，也是一种身体管理的方式；韩少卿（2018）认为在这个视觉时代，短视频将身体的叙事力量重新解放，身体作为具备冲击性的视觉消费符号，成为传播的主体；朱靖江、高冬娟（2019）以快手短视频平台中个体的展演为研究对象，认为个体可以经由反身性的方式，通过在虚拟社区中的表演，重构自我身份认同。综上，如今短视频和直播中的各种视觉技巧将传播拉回以身体为媒介的前语言阶段，身体又重新以"在场"的姿态成为人们交流互动的重要工具和有力手段。

同时，作为与"脸"相对应的价值符号，身体的出现也意味着一种叙事方式的改变。在身体交往中，视觉所获取的信息占身体所感知到的所有信息的绝大多数。而人的脸部或者说面孔，是人的身体在传播中给予视觉感知信息最集中也最显著的部位。在传统媒体的叙事中，英雄、劳动楷模等光辉人物无不以"脸"（特写）的形式出现，正如德勒兹所说，"没有脸部特写，特写就是脸"，当"脸"以特写的形式出现时，它便已不再仅仅是审美上的表征，而更是典型形象和价值的描绘。诚然，在短视频中，由于屏幕的限制和个人形象的设定，"脸"成为个体展示自我、进行表演的重要工具，但泛化了的"脸"已经失去其意义和价值，它与"身体"一道，沦为自我形象的一部分，呈现的是个体最本真、最原始的生命特征。

利科（1987）在其叙事理论中指出，若要进入物质世界领域，"决定"需首先转化为"行动"，"行动"可以消除"决定"与事物之间的距离，把作为意愿的"我"和作为行动领域的世界联系起来。身体在其中起到一种重要的中介作用，在行动的意志、被移动的身体和行动所作用的世界之间形成一种原始的联系，也就是说，身体作为行动的主体、作为人在物质世界的实体，全程参与个体的成长、生命故事的构建，对个体形成外显于他人的独特气质和内在身份认同起着不可或缺的作用。

综上，视觉传播在某种意义上是身体的传播，近年来随着短视频的兴起，已有越来越多的学者注意到身体的价值和意义。虽然用户在短视频中的表演方面存在一定程度上以肉体为噱头消费身体的情况，但身体在主体性构建和社会学中的意义更多。因此，本书中的身体一是个体进行自我表达和表演的重要工具与手段，是行动的主体在叙事中达到自我构建和身份认同目的的一种重要中介；二是作为与传统叙事方式对立，消解"特写"价值的存在而出现，体现了当下移动互联传播体系中自下而上的、具有原生态特性的、指向生命本身的叙事风格。

四　理论：身份认同何以可能

这里，我要隆重向大家介绍一个人。在我多次纠结于"我是谁"以及如何证明身份认同这一看似虚无缥缈、主观性极强的问题时，保罗·利科的名字出现在我的视野中。作为 20 世纪西方思想史、哲学史上举足轻重的领军人物，保罗·利科的研究涉及哲学、现象学、语言学、历史学、文艺批评理论、宗教学等多个学科，并最终博采众长、融会贯通，形成以主体为根本、以文本为中介的独特的诠释学理论。在本书的前几部分，我已暗暗向大家透露其叙事理论，这也是本书将采用的主要理论。

需要说明的是，作为其诠释学理论体系中重要的组成部分，利科的叙事理论一经提出便备受各思想领域学者的关注，但因其一生所存留的著作数量庞大、哲学基调晦涩以及对跨学科融合背景的要求，众多学者对其学术基底的探讨以及对其中暗含的本体论、认识论与方法论的研究已应接不暇，以叙事理论为主题并在实践中对保罗·利科的叙事理论展开考察和思考的研究还相对较少（刘惠明，2013）。本书紧紧追随保罗·利科的思想光芒，希望在互联网时代为其理论的适用性增添新的注脚，为当代青年找到另一种生活方式增加一份信心。

（一）保罗·利科的话语理论

要深入理解利科的叙事理论，首先需对其话语理论进行分析。结构主义语言学家索绪尔（2001）创造性地将"语言"和"言语"分开，从而奠定了符号学的研究基础——"语言"就是符码，或一整套符码，而"言语"则是用符码生成的具体信息。符码是集体性的，信息是个体性的；符码是共时性的，信息是短暂性的；符码是匿名、非意向性的，信息是意向性的，是带有某人意图的；符码是规定性和体系化的，信息是任意性和偶然的（刘惠明，2013）。突出符码、忽视信息、强调语言的共时性和稳定性成为索绪尔学派语言学家的典型特征。索绪尔对语言学的贡献无疑是开创性的，但他对符号极其痴迷，以至于将符号世界之外的任何事物和关系都排除脑外的倾向又无疑是多受诟病的。

利科质疑索绪尔将语言视为由内在关系组成的自足系统这种观念，认为"语言"和"言语"解释不了所有包含语词的语言学实体，在实践之外还存在既不同于符码，也不同于仅作为一种结果的信息这样的东西——利科（Ricoeur，1981）用"话语"来指称它并直接指出："话语与语言学的语言系统或语言代码相对，指言说事件或语言的使用"（转引自伏飞雄，2018）。与索绪尔强调语言的结构功能不同，利科从事件与意义、说者的意义与说辞的意义、含义与指涉三组基本对立的辩证结构来阐述话语的特征，并强调，"话语的根本和首要的特征即是它是由一套语句所构成；借此，某人就某事对某人说了某话"（刘惠明，

2013）。

利科突出强调话语的事件性，不仅是反对索绪尔宣称的话语事件的稍纵即逝性，更为主要的是，根据利科的定义，话语的发生暗含着一种意义，是人的一种主动行为，信息会消失，但话语及话语隐含的意义会存在，且可以持续重复。此外，因为话语的过程是某人就某事对另一个人的诉说，即话语作为"事件"存在（刘欣，2016），而连通说话人"事件"和听话人"事件"的则是蕴含在其中的"意义"——话语也作为"意义"出现（李丹丹、刘利凤，2009）。因此，话语的目的也便可以指向"理解"，即"如果所有的话语作为一个事件而获得实现，那么所有的话语作为意义而获得理解"（刘惠明，2013）。这是利科从反思哲学出发强调主体性的必然结果，话语的事件性也是其叙事理论基本结构"三重摹创"及核心概念"情节化"的重要前提。

（二）"三重摹创"

利科（Ricoeur，1984）的"三重摹创"借鉴了亚里士多德诗学的"模仿"。亚里士多德式的"模仿"发生于诸如希腊史诗、悲剧等艺术层面，是一种艺术的创造性行为。

利科将其引入实践领域，把艺术的摹创变为行动的摹创，而要实现行动的摹创，则需把各个事件编排成一个情节。

利科指出，对行动的摹创必须以对人类活动的预先理解为前提，对人类世界秩序和结构的"预理解"则构成"摹创一"环节（Ricoeur，1991）。在"摹创一"环节中，因为行动经常以符号、规则、规范等形式出现，而符号、规则等又在一定的社会实践中具备公共性，因此，该环节也暗示了行动具备一定的象征性，且基于社会生活中一般约定俗成的意义。

"摹创二"环节（Ricoeur，1991）则是"虚构"环节，不过利科的重点并不在于对"虚"的探讨，他重点着墨于"构"，也就是其中最主要的"情节化"。在人的生命故事中，总是会有一些不和谐的事件出现，"情节化"即是将个体所发生的种种行动和事件进行串联，使其富有逻辑性和连贯性，也就是组成一个完整的故事（伏飞雄，2012）。首先，"情节化"是一种抽取和转化，是从各个事件中抽取一个可理解的故事，情节充当"事件"和"故事"的中介。其次，"情节化"是将各个行动者、动机、目的、愿望、形势、环境等种种异质因素整合在一起，是一种"不和谐的和谐"（刘惠明，2010）。人们在认知和日常生活中，总是通过阅读或追随一个故事来了解某一事物或者某个人，而这种过程又包含着相当复杂的象征和想象工作，它起源于我们对故事的期待，并会使我们跟随故事的进程不断投入我们的认知和情感，直至这个故事和我们的预期相符合。"摹创一"为预理解，"摹创二"为情节化，"摹创三"（Ricoeur，1984）则涉及的是文本世界与读者世界的交融问题。

文本世界与读者世界也是利科的叙事理论中极为重要的两个概念。利科将文本定义为通过文字固定下来且具有一定稳定性和事件性的话语（冯寿农、黄钏，2020）。因为话语具有意义，所以文字固定下来的也就不是一串串互不相干的字符，而是指向一个它试图描述、表达或表现的世界，这个文本世界超越作者、超越文本自身，展现了一种无限想象的可能。从这个定义中我们可以看出，这个"可能世界"并不是对日常生活的现实世界的直接映射，而是通过文本构建的可以产生新知觉、新体验的，加入了众多想象之后的一种"可能世界"，也就是说，现实世界和文本世界被"间距化"了。更进一步地看，通过对文本的深入追究，利科认为被"间距化"的不只有现实世界和文本世界，还有文本意义与作者意图以及读者自身与自身的间距（汪堂家，2011）。

利科认为，因为文本具有独立性，所以文本一旦形成，便脱离了作者的本意，也就是说，作者按照一定的逻辑来构建自己的生命故事，完成"情节化"的动作，但至此，作者的工作即已结束。一方面，话语具有独立性和自身的意义，以符号呈现的文本在读者面前就会生成不同的指征；另一方面，若作者在构建文本的过程中出现"词不达意"等问题，也会造成后期读者在阅读时出现不同理解。再者，读者的阅读也是一个很重要的原因。利科虽然是文本中心论的持有者，但在此过程中他依然看到了读者的力量和作用。他把文本视为架在作者和读者之间的一座桥梁，同时也是"理解"之所以会发生的核心。

与此前对于文本构筑的读者与作者之间"间距"问题所持论调不同的是，利科赋予这种"间距"一种积极的动能，并认为正是通过这种"间距化"，文本世界和读者世界才实现了交会，因为"间距"赋予了读者想象的可能。如果说文本世界是一个虚构的世界，读者世界就是"真实行动展露于其中的现实世界"（转引自刘惠明，2013）；如果说文本世界是一个虚构的想象的可能性世界，那么读者世界就是各种"可能"有可能发生，并且在某种条件下可以实现发生的世界。在阅读一部作品的过程中，文本中的世界向读者展开，读者阅读的过程也是跟随作者游览和体会他者人生的过程，即读者在文本面前抛弃自身，把想象注入其中，把自己当作故事中的主角来阅读这个故事（刘惠明，2013）。因此，在阅读后，读者自身也发生了变化，阅读后的读者和阅读前的读者不再是同一个读者（刘惠明，2013），也就是说，在完成阅读这一行为后，读者获得了叙事身份／认同。

（三）叙事身份／认同

所谓叙事身份／认同，是个体通过叙事这一途径获得的身份。利科指出，明确一个主体，是在回答"这件事是谁做的"这一问题，也就是找出某事件的施动者和发起人（韩梅，2012）。人总是在事件和故事中出现的，因此，要确认某个主体的身份，就要讲述他的人生故事（刘惠明，2013）。由此可以看出，利科指出的这种叙事身份／认同首先是一个事件性的话题，是以某人做了某事为基础，并以文本的形式将事件串联体现在叙事话语或文本之中，也就是人物的身份"在其与情节的一致性的关联中被建构起来"（刘惠明，2010），即情节构建人物，人物置身于情节之中。

虽然利科是为了强调读者的主动性而提出的叙事身份，但考察现今的媒体环境和内容生产技术，几乎每个阅读者（用户）又同时以作者（生产者）的身份自居，互联网给予了每个个体或以自身为基础，或以自己专业为框架进行自我表达和表演的机会，每个人都不仅在别人的故事中找寻自我，更在自己情节化的故事中追寻答案，因此，叙事身份不仅是经阅读被识别出的身份，更是一种通过叙事来提供和证明的身份，即主体通过讲述／阅读关于自身或他者的故事而辨认出其自身，借助叙事，主体得以找寻、建构起个体及群体身份。

以之观照现实，当我们想要去了解一个人时不可避免地要去了解那个人的生平故事，也不可避免地带着自我对某种生命叙事的预期，在解读这种生命故事中认识他人和自己。同理，当我们想被人了解时，也不可避免地要整合我们连续的或不连续的生活事件，在"情节化"叙事的过程中完成自我的身份认同和整体和谐。利科的叙事理论为我们提供了站在当下的时间节点，重新梳理自身、认识自身、理解自身的机会。

综上，利科的叙事理论以其话语理论为前提，以"三重摹创"为基本结构，以"情节化""间距化"等为核心概念，通过叙事构筑了独立的"文本世界"和"读者世界"，并最终指向主体性问题——主体的身份认同。虽然利科的叙事理论仅是其在对哲学和时间问题进行解答时或者说其一生渊博的思想宝藏中的冰山一角，其刻画的作者、文本、读者间的良性循环关系似乎也带有乌托邦的色彩，但它仍可为我们在当下媒介环境（集合文本世界的世界）如此丰富的状态下，对于个人找寻和建立身份认同提供一个有益的分析视角。

五　方法：普遍观察与重点分析

正如保罗·利科在叙事理论中指出的那样，若想获得自身，必先抛弃自身，以一种"无我"的状态投身于文本世界。因此，本书首先采用的研究方法就是网络民族志与文本分析法，将自己置身于广阔的短视频世界，在无偏见的前提下关注在抖音、快手、微博、B站等平台中进行个人表达和内容创作的青年群体，分析其身体表演方式并通过其内容文本以及媒体报道等第三方相关材料，揭示其获取身份认同的过程。

为最大限度地揭示青年群体身份认同的特征与偏好，同时验证身份认同可能存在的偏差，本书还采用大数据的方法，通过网络技术对短视频平台中青年群体的整体画像及典型代表进行历时性数据统计，结合网络文本分析及情感智能分析技术，考察用户（作为"观看者"）对青年在短视频平台中自我表演的身份认同的接受情况。

此外，为直接获取青年群体行为背后的心理动机，本书还对经常在短视频平台中进行创作生产的内容生产者进行深度访谈，以半结构式的问题方式深入了解该群体在短视频平台中作为生产者和观看者两种身份在追求身份认同过程中的心路历程，了解研究对象的自我认知和其在旁人眼中的形象即自我身份认同与他人认同的重合及偏差情况。因客观条件限制，研究者并不能采访到极具代表性或自身粉丝（流量）基数巨大的短视频生产者，只能以自身接触范围来寻找。为最大限度提高样本的代表性及该样本与研究目的的适配性，研究采用"目的性抽样"与"滚雪球抽样"的方式来获取访谈对象。最初确定的访谈对象是研究者通过对媒体好友中的人员进行观察进而招募而来的志愿者，是对短视频行业有深度观察与体验的全职导演，对其编号为1，然后以访谈对象所提供的人脉资源作为继续抽样的依据，保证访谈对象的质量及访谈对象所提供内容对此研究的贡献。最终确定访谈对象共计12名，出生时间区间为1984~1998年，平均年龄27.5岁，其中3人的微博粉丝人数在万人以上，最高的微博粉丝人数达到10万人以上，其余受访者在各短视频平台中的粉丝人数虽平均在千人范围，但对了解其创作体验及与他人的互动感受，尤其是通过短视频所获得的身份认同和这种身份认同对其现实生活的影响仍有一定的参考意义。各访谈对象的基本情况见表 0-1。

表 0-1 访谈对象基本信息

单位：岁，人

编号	性别	年龄	职业	短视频类型	平台粉丝数量
1	女	28	综艺节目导演	明星、影视剧类二次剪辑	357
2	女	22	综艺节目导演	日常生活、恋爱情感类	5793
3	女	28	媒体工作者	日常生活、搞笑类	482
4	女	27	媒体工作者	日常生活、风景类	10 万
5	女	37	媒体工作者	社会见闻、亲子视频	2.2 万
6	女	33	媒体工作者	美食类、学习分享类	1.9 万
7	男	24	自由职业者	影视剧讲解、吐槽类	3100
8	男	22	游戏主播	游戏	450
9	女	20	大二学生	才艺展示类（画画）	1033
10	女	28	博士研究生	日常生活、学习分享类	2430
11	女	35	会计	多肉植物培育分享	4230
12	女	28	化妆师	美妆类	3124

第一章

作为"文本世界"的短视频

注意！！

哆啦Ａ梦的任意门已打开，这里有你想象的每一种可能。

诚然，利科的叙事理论是单媒体、单线性的（约斯·德·穆尔，2006）。利科聚焦于话语，这也就注定其观察多囿于文字（书籍）领域，而对"情节化"的强调也凸显了利科对于故事完整性的要求。现今，随着图片、影音尤其是互联网的出现，人们获取信息或进行"阅读行为"的形式已然多元化，碎片化的场景应用也允许作者将故事切割为一段段富有戏剧性的脚本。

虽然，正如大家感知到的，短视频平台中的商业气息越发浓重，但不可否认的是，它依然为人们构筑了一个更为广泛且便捷的交往空间，普通用户通过短视频进行新型文本书写、表达，进而寻求获取身份认同和认识世界的新渠道。本书的绝大部分内容也将依此而展开。

2020 年 10 月 28 日，巨量算数（2020）发布了《2020 抖音创作者生态报告》，数据显示，2019 年 7 月至 2020 年 7 月这一年间，抖音新增 1.3 亿创作者，曝光过亿作者数量达 6.6 万人，且自 2020 年以来，新成长为万粉作者的人数超过 72 万人，其中 88% 是从普通人成长起来的原生创作者。巨量引擎（2020）发布的《视频社会生产力报告》显示，截至 2020 年 9 月，抖音国内日活跃用户数突破 6 亿人，越来越多的家庭和个体会选择用抖音记录下生活中的美好时刻。在第二届抖音创作者大会上，北京字节跳动 CEO 张楠在界定抖音的内核时讲到众人的参与让抖音拥有无限可能，抖音连接彼此，连接信息，连接服务（中国新闻网，2020）。

从这些数据中可以看出，用户个体已经成为短视频的重要生产力，人民日报中国品牌发展研究院 2020 年发布的《中国视频社会化趋势报告（2020）》在探讨视频化的变迁和发展时指出，当下人们已经处于"视频社会化时代"，视频已经成为人们交流表达的主要载体，改变了人与人之间的沟通方式和生活状态，随着视频社会化进程的加速，将形成一种更能促进社会认同的社会互动模式。

无论在抖音、快手，还是在其他兼具媒体和社交属性的应用平台，短视频都是向用户展示世间百态以及各种生活可能性的重要方式。无论是文化、教育、体育、娱乐、时尚、财经等专业领域，还是日常记录、居家、旅行、萌宠、亲子等悠然生活，只要打开设备，一个个短视频就像一扇扇哆啦A梦的任意门，可以带你穿梭到任意时空，感受每一种想象的可能。

短视频已经成为人们认识自我、构建社交关系、寻求身份认同的重要中介之一，承载短视频的平台也在收纳"文本世界"的同时，构筑了"文本世界"的世界，以"黑洞"式的魔力不遗余力地吸引人们投入其中，创造可能。而这种"可能"之所以成为可能，也与当下短视频及短视频平台的自身特性有关，只有深入理解这轮短视频兴起的动因，才可为此后探讨青年群体在其中的身体表演和身份认同奠定合理的前提和基础，也可对后续分析叙事方式的转变加以说明。

一 脉络：不是所有的"短"视频都叫"短视频"

短视频这种形式并不令我们感到陌生。相信大家还记得，在 Web1.0 时代，土豆网、酷 6 网等综合视频网站创立了"拍客模式"，开始鼓励用户进行短视频生产。但此阶段的短视频生产主要是基于 PC 端，对拍摄形式和质量有一定要求，成本也相对较高，所以仍然是带有一定专业性质的 PUGC 模式①。这一时期，视频网站是短视频生产和传播的主体，用户主要作为观看者消费短视频内容。

随着互联网尤其是移动互联网技术的发展与成熟，短视频的生产与传播的门槛再次被降低，普通群众的创作热情被激发，短视频作为一种内容形态，迎来新的蓬勃发展期。即是说，当下我们常称的短视频，被认为是一种基于互联网尤其是移动互联网进行信息交互的新的视频格式的内容形态，确切地说应该被称为"移动短视频"。这也是

---

① PUGC，全称：Professional Generated Content + User Generated Content，即"专业用户生产内容"或"专家生产内容"，互联网术语，指在移动音视频行业中，将 UGC+PGC 相结合的内容生产模式。

它有别于前移动互联网时代短视频的主要特性。

更为主要的是，当前的短视频之所以与此前任何阶段不同，其原因在于，它的内驱力主要不是来自某个媒体机构或某个传播主体基于特定的传播目的或商业动机而进行的传播活动，而是来自广大用户——人民群众——基于自我记录和表达的意愿而采取的自发行动，换句话说，当前的短视频，是由于它能够为人民群众提供使用门槛最低的记录和表达工具而兴起的。

时长是短视频的核心特征。但正如任何从相对概念产生的新事物，即此事物是以与此前某事物为"异质的他者"的形象而存在一样（如微电影与电影，新媒体与传统媒体），再加之新事物出现时间较短，潜力并未完全释放开来，人们很容易区分它"不是什么"，但没有办法准确定义它"是什么"，进而找出其本身的内涵。

有研究者以时长为依据尝试对其做出定义，其标准包括 15 分钟（徐望，2019）、10 分钟（陈永东，2019）、5 分钟（赵娜、谭天，2019）、4 分钟（丁雷，2018）、57 秒（曾光明，2017）。马梦琪（2019）认为，目前的短视频一般是指时长短于一分钟甚至几秒钟，内容由用户拍摄和制作，依托于手机移动端，以社交和分享为主要用途的视频形式。从这些定义可以看出，目前多数人仍将短视频视为长视频或视频节目的"微缩",即"短片视频",对短视频的时长都较为宽容,一般认为在 15 分钟以下即可称之为短视频。而在考察以抖音、快手为代表的短视频平台带来的新的内容形态时,短视频的时长则被规定在几秒到几分钟之间,甚至直接以短视频平台提供的可拍摄的最大时长作为限定标准。

除了时长,短视频在生产基础和内容特性方面也有自身的独特性。为此张慧喆(2019)在对其进行界定时,强调其可以泛指所有利用智能终端和数码技术拍摄制作、上传至互联网平台进行展示和分享的时长较短的动态视觉影像内容。徐丹、李倩(2017)侧重于其能"直接与社交平台连接,发布速度快,集生产与分享于一体"。靖鸣、朱彬彬(2018)赞同短视频具备社交属性强、创作门槛低、碎片化等特点。还有的学者认为短视频易于表达,易于集中注意力,易于病毒式传播,也迎合了用户快速消费内容的阅读习惯(王晓红、任垚媞,2016)。

综上可以看出,时长只是判断短视频的外在标准,并不是其本质内核。换句话说,单纯地缩短时长并不能构成其现今独特的风格和现象。短视频与传统电视视频内容形态的主要不同点在于其内容格式的规范性和表达的专业性:基于移动端(以智能手机为主要生产制作平台,且集生产与分发于一体，从而降低技术门槛）、以分享和表达为主要目的（区别于专业化节目生产）、呈现一定的"草根性"（参与主体为普通用户）和"原生态"（视频内容结构化程度低，且以列表或信息流等方式供用户选择播放，而通常不采用传统电视节目的顺序播放编排方式）。

二　成因：多重耦合

（一）技术外因

短视频的兴起离不开技术的发展，短视频可以在短时间内呈现井喷式发展主要得益于移动传播体系的形成，从基础设施、软件应用等角度来进行考察，具体体现在以下三个方面。

第一是移动互联网络的发展为短视频的发展提供了良好的网络环境。国务院办公厅于 2015 年发布《关于加快高速宽带网络建设　推进网络提速降费的指导意见》，移动网络的提速降费在客观上保证了短视频的传输质量，又降低了用户网络接入成本。相关数据显示，2016 年底，中国移动 4G 下载速度比 3G 提升 40 倍（宋建武、黄淼，2018），现今 5G 下载速度又可比 4G 下载速度快 10 倍以上。移动互联网技术外在地为短视频的发展提供了稳定的技术支持，保证了短视频的流畅运行，同时移动用户可以随时随地以较低成本和较好体验感接入移动互联网络，这使随心拍摄、浏览和分享视频成为可能。

第二是个人移动智能终端的普及为用户生产和消费短视频提供硬件设施。第 51 次《中国互联网络发展状况统计报告》显示，在我国 10.67 亿的网民中，手机网民规模达 10.65 亿人，比例高达 99.8%（中国互联网络信息中心，2023），也就是说，移动端已成为用户消费信息和娱乐的主要渠道。另外，移动智能终端用于视频形态的信息采集和处理的硬件设备不断升级，如宽屏幕、高像素等技术的发展也成为短视频快速崛起的有利条件之一。尤其是摄影摄像功能方面的发展，智能手机摄像头传感器的发展和成像算法的改进使手机像素不断提高，令用户能够拍摄到清晰的影像画面，而更快的处理速度、傻瓜式的后期处理、便捷式的操作更是降低了视频、音频处理的门槛，这一切都为短视频的发展奠定了基础（朱杰、崔永鹏，2018）。

第三是移动接入平台——短视频"巨头"应用平台的出现与成熟为短视频的快速发展提供直接支撑。毋庸置疑，短视频对平台的技术支撑能力要求颇高，目前具备"国民"特征的短视频平台无一例外是拥有亿级用户且日活也在亿级以上的平台，这也与当前用户释放的海量生产力相对应。平台只有保证足够的物理存储空间，才能保证海量视频的同时上传与观看，进而聚合海量用户和海量短视频内容。此外，不同于微博等媒体平台对于用户有相对较高的文化水平要求，短视频平台的应用服务均朝着简化、便捷的方向发展，短视频编辑工具、滤镜、音乐素材等不断丰富完善。短视频平台虽然后台功能复杂，但前端用户操作平台简洁，制作功能方便，用户只需按照流程点击少量相应按钮便可自行进行短视频生产，这种平台几乎可满足任何知识水平的用户的使用需求。

（二）公众动因

技术条件的成熟为短视频的绚烂发生埋下导火索，公众内在的强烈参与动机则一触即发，将火种点燃。这轮短视频的兴起背后折射的是公众希望在更广大的空间中进行社会参与的心理需求，记录生活、实现自我表达是其内在需要。

一切行为根源于动机，动机是驱使人们从事各种活动、产生各种行为的动力（汝绪华、吴佳璇，2016）。改革开放 40 多年来，公众的自我意识和自我表达需求已较完整地形成。但随着社会的发展，城市化的社会关系很容易让个体感到孤独。所以对于公众尤其是青年群体来说，观看和使用短视频，不仅是一种自我表达，也是缓解压力、寻求心理支持、完成自身社会化过程的重要手段（未来网，2018）。因此，用户使用短视频的主要形式也体现为作为观看者的消费行为和作为表达者的参与行为，他们在"观看"和"上传"之间寻找心理平衡。

作为"观看者"，经济的快速发展为人们提供了相对富足的物质生活条件，让人们有更充裕的时间和经济实力消费与享受内容产品，同时城市快节奏的生活和社会转型时期的社会情绪给人们尤其是年轻人在心理上带来前所未有的压力与孤独感。短视频中幽默、搞笑甚至无厘头的表演恰好成为年轻人工作之余最好的解压阀，为"鸵鸟心态"提供最佳的心理庇护所。数据显示，19~30 岁的年轻用户观看高峰出现在下班之后、睡眠之前的 22~23 点（樊常亚，2017）。

用户观看短视频的另一个主要原因是在寻找认同的投射心理影响下，向"同类"移情，寻找"陪伴"，以兴趣和价值为导向，在更广泛的网络空间构建"同类群体"。

短视频以较真实的场景,将多彩多姿的世间百态呈现在用户眼前,以"陪伴"的状态承载年轻人的精神寄托,加之短视频平台个性化推荐技术的应用,让不同的人在其中均能找到属于自己的个性化"圈子"。快手CEO宿华也曾将国民幸福感的精神层面解释为,"通过精准推荐让用户快速找到有共鸣愿意倾诉的人群,促进彼此间的了解,找到自己独特的幸福感"(新京报,2017)。

作为"表达者",渴望"被关注"是一个人的正常深层心理需求。存在主义心理学家罗洛·梅(刘慧姝,2016)认为,"存在感"是心理健康的重要标志,随着社会的进步和物质条件的富足,人们已不满足于生理和安全上的需求,而向着更高阶的社会需求迈进,"存在感"和"被看见"的意愿渐渐浮出水面。互联网和社交媒体的出现为人们提供了一种表达自我和记录生活的新途径,而这也是人们证明自我和彰显存在的新途径。

作为一个永恒的话题,"存在"和"以什么样的形式存在"时刻拷问着人们的内心,作为生物性和社会性统一的人的成长过程在一定程度上是让渡存在但同时又寻找存在的过程。试着回想一下,在人的婴幼儿时期,个人的自我意识尚未完全形成,生物性占据人的主要特征,其只有以哭闹、大声喊叫等形式才能提示周边人自我的存在,进而满足被保护和被照顾的需要，保证自身安全成长，不必介意周边人的眼光。但作为社会性的人，身处于他者存在的环境中，个人就不能不考虑他人的感受以及相应社会环境和社会角色的规范，从某种程度上说，个人的社会化过程包含了让渡部分自我存在的意味。然而值得庆幸的是，作为能动性的人，个体总能在主观和客观之间寻找并维持着某种平衡，在本能和社会规训中寻找一种出路。短视频即是给予了个体重新确认自我和寻求新的社交关系的机会，当代青年在其中积极地表达着自我，彰显着自己的存在。

王志、贾媛媛（2020）指出，视觉化的暴露虽然在一定程度上重新将人置于他人和社会的"凝视"之中，但自我表达源自人类本性中对于孤独的畏惧，是人们内心热切期盼的权利。因此，这种需求不分地域、不分年龄，是每个人心中最基础的自我意识的暗示和提醒。短视频的出现为一些以往在生活中没有较强存在感的普通人提供了一个"自我呈现"的机会，短视频用户在平台上"上传"自己的作品、参与公共事件或热点事件的讨论，即是人们在具备一定自我认知的基础上，追求存在感、寻找和重新塑造社会关系的过程。从这个角度来看，短视频正是满足了人们作为不同主体（"传者"和"受者"）的不同心理需求，对个体成长具有重要意义。

综上，短视频平台因具有生产流程简单、制作门槛较低等特点而使得视频新技术"赋能于人"，实现了话语权去中心化转移。此轮短视频的爆发有客观的外在因素，更有深刻的内在动因，个体第一次可以以主体的身份参与到传播的进程中，每个人也因此有机会来体验自己所创造的"被关注的价值"。

（三）社会心理诱因

以上是从个体的层面考察短视频兴起的动因，而社会中弥漫的一些群体情绪也为短视频的火爆提供了契机。付宇、桂勇（2022）在解读当代青年的社会心态时，发现了很多耐人寻味的悖论。

> 他们既是心态开放、多元包容的一代，愿意接纳那些有争议的观念、行为和群体，却又是眼里容不下沙子的一代……他们对国家和民族发展道路高度认同、充满信心，却又对个人命运前途迷茫不安、焦虑彷徨。他们拥抱物质、向往财务自由，却又对财富精英嗤之以鼻、极尽嘲讽。他们一边渴望恋爱结婚，过

上理想中"一日两人三餐四季"的美好生活，另一边
却又懒得恋爱、懒得结婚，只想养一只猫，陪自己过
个"躺平"的周末。他们是现实生活里的"社交恐惧
症患者"，却又在网络世界里彻夜狂欢。

付宇、桂勇（2022）将其原因归于时代背景，并提出
了这一问题产生的主要原因——"资产社会"的到来。这
虽然有危言耸听的成分，但背后暗含了一个信息——成长
于物质相对丰富、精神相对富足的当代青年，当带着"天
之骄子"的昂扬自信与"舍我其谁"的一腔热血踏上社
会时，却发现时代的规则改变了。曾经优秀的"寒门贵
子"被称作"小镇做题家"，即使"996"依然赶不上高不
可攀的房价，地铁的灯光承载不了他们的梦想，直到"搬
砖""码农"成为他们的自嘲……

同样，郑雯、付宇、桂勇（2023）基于"中国大学生
社会心态调查（2015-2020）"数据研究发现，高房价已成
为焦虑感的主要来源，而在代表社会公平正义的问题上，
贫富差距、城乡差距、社会流动机会差距成为大学生群体
最关注的社会问题。

这是当代青年某个侧面的真实写照，也可能是你我熟
悉的某个最普通的日常——感同身受，是我与他们最真切

的共情。现实的表征背后隐藏的是内心的失序，认为社会流动机会差距是社会主要问题的大学生群体在社会评价方面更加消极，且呈现一定程度的"仇富"心态（郑雯、付宇、桂勇，2023），当乐观主义迷思被现实一次次冲击破产之后，"躺平"或成为当代青年对抗资本及其运作的典型性策略。

然而我想说的是，梦想不会因为困难就丧失重量，青年之所以被称为青年，就是因为他们身上积蓄着最为热烈的变革力量。正如硬币的两面，无论是被包装成"躺平"或是其他意味的符号表象，隐藏在青年内心的希望之火从未熄灭。短视频中，各种鲜明的"角色"成为他们的化身，或张扬个性，或收敛锋芒，在似真似幻中尽情补偿现实社会中无法满足的情绪与情感。我在此前对于短视频中90后女性青年的身体表演和媒介使用进行研究时发现，作为较有代表性的一种青年文化，"萌"文化的表演即是成年人在面临对童年依赖环境的心理破裂和对"成人"这一新角色的未知与不适时，采取的对自我心理补偿和与社会生存环境博弈的行为（郭沛沛、杨石华，2020）。

自救，青年人从未丧失这种能力。正如本书一以贯之的立场，当代青年的迷惘不会立即消散，短视频的乱象也需加强治理，然而即使在有限的空间内，我仍然看到了许多人在其中认真生活，这也是本书的浅浅尝试——对于当代青年生命叙事的简要记录，并深深崇敬。

三　社交：让"间距"显现

可以看出，这一轮短视频的爆发不是单纯的偶然，而是偶然中蕴含着"天时地利人和"的某种必然，其在当下社会深度转型的时节一触即发。短视频平台为当代青年群体构建起新的"安全屋"与"大舞台"，他们也抓住机会不遗余力地在其中表演着自己独特的生活与故事。

以快手平台为例，相关数据显示，快手日活在2020年初已突破3亿，快手App内有近200亿条视频；《2020快手内容生态半年报》指出，2019年7月至2020年6月，3亿用户在快手发布作品，且在短视频类型分布中，单纯记录生活的作品数占比达29.8%。这些数据都为短视频平台成为"文本世界"提供了佐证，青年群体根据自己对生活的"预理解"，编排勾勒他们的生命叙事，人们在这些"文本世界"中穿梭，"上演"并"观看"自己和他人的生命故事，以此重新认识自我和世界。

短视频平台能够被称为新的"文本世界"，除了对现实物质世界的影像投射这个原因外，还有一个重要的原因是它同时将社会生活中的关系构建搬上了荧屏，为用户提供了在虚拟的空间中重新选择和追求自我认同与社会交往的机会。根据利科的理论，"文本"一旦生成，便脱离作者的掌控而独立存在，利科为作者与读者之间、现实世界与文本世界之间的间距赋予积极意义，短视频将这种间距拉近并外显，以直观的点赞、收藏、评论等形式在文本的含义、读者的想象与作者的意图之间穿针引线，让"虚无缥缈"变得"现实可感"。这得益于当下短视频平台——事实上已经成为多数媒体和商业平台最重要的特性与功能之一——社交，这也是新媒体区别于传统媒体最典型的优势和特点之一。

如果说技术门槛的降低和公众自我表达意识的形成是青年群体迈出寻找自我的第一步，短视频平台的社交特性和社交能力则为青年群体提供了良性的关系连接途径，让青年群体在更多的社会交往互动中满足自身的精神及认知需求。陈先红（2006）提出"新媒介即关系"的论断，她认为新技术的出现使得媒介由线性的、独白式的传播模式转向了双向的互动传播模式，在这种模式中，媒介的信息传播功能退居第二位，而更多地发挥着社会联系、情感联系的功能。移动互联技术彻底改变了以往基于地缘与亲缘的社会关系，个人在网络空间中以新的规则重新构建社交关系。也就是说，对于用户来讲，对内容的消费已变成对关系的渴求，对内容的生产也成为人们重新编制和构建新型社会关系的工具与手段，因此，社交媒体不仅传递信息，更体现出人与人之间的关系网络，发挥着连接功能。

《2022 快手创作者生态报告》显示，截至 2022 年 3 月底，快手平台互关用户对数累计约 188 亿对，同比增长 68.9%。2016 年当年就在快手发布作品的创作者中，到今天还在活跃发布作品的万粉、十万粉创作者比例分别超过 70% 和 80%，百万粉创作者的创作活跃比例达到 94%，这些数据展示了平台强大的用户黏性，更说明了人们参与内容生产和消费的社交目的。短视频构建了新的社会交往方式，青年群体在参与的过程中也就有了借机实现身份和社交关系的再认知的可能。

短视频平台的社交能力决定了用户可进行社交的深度和广度，也决定了短视频"文本世界"可承载的体量与质量。经考察，短视频平台的社交能力主要通过以下几个方面进行构建。

（一）短视频平台的功能性设置

重构社交关系已成为人们参与自我表达的主要目的之

一，短视频平台也由“内容平台”逐渐向“关系平台”转变，以此维持并吸引更多用户参与，完成华丽转身，构筑生态闭环。何志武、董红兵（2019）认为平台在物质性空间里设置了可见性的“密码”，推动了空间内容的生产，同时通过拓展社会关系，再造了一个社交性空间。平台对社交关系的促进，在自身功能上会体现为迁移用户现实关系、通过算法延展用户社交关系这两种主要方式。

　　首先，以抖音为例，在抖音的“发现朋友”页面中，平台对用户已有的社交关系进行了检测和追踪，“查看通讯录朋友”功能即意味着平台在刻意积极保持和获取用户已有的社交范围，以此来将之引入平台。此外还有“快速添加微信好友”“快速添加 QQ 好友”等不同渠道，试图将不同平台中的现有关系以最便捷的方式引入同一个平台，进而开展二次互动。虽然人们在互联网中以虚拟的身份更容易获得自由的状态，但现实关系的引入可以使用户在短时间内建立熟悉感和安全感，以较小的时间和人力成本开展新的社交模式，这有助于用户逐渐构筑对于平台及他人的信任，在此基础上慢慢融入平台并开启新的关系交往。

　　其次，作为新技术的代名词，算法推荐机制在抖音和快手等平台的发展与用户的社交关系构建中发挥着至关重要的作用。移动传播体系带来的是个人化、个性化的传播，与此相适应的是"千人千面"的精准分发技术。以算法起家的字节跳动在发展其旗下产品抖音时更是将精准推送发挥到极致。在用户注册时平台即会获得其如性别、年龄、爱好、地址等基本信息用于后续用户画像，此后通过读取用户的观看、点赞、评论、位置痕迹以及停留时长、关注账户等数据，计算用户的兴趣所在，以"你关注的人""你可能感兴趣的视频"等对用户进行推荐提示，如抖音主页面中"推荐"版块中的视频，即是平台根据算法推算视频内容与用户兴趣的匹配程度来为用户进行推荐的。此外平台还会利用用户的位置信息为用户拓展社交范围，如快手主页面设置了"同城"模块，以用户熟悉的关联信息提示用户可能感兴趣的内容，吸引用户探寻和关注，为用户提供一个充满新鲜感同时又是"最熟悉的陌生"环境，并在用户的多次使用中深度跟踪和挖掘用户指标热度，增强机器学习，提高用户数据库与内容数据库的匹配程度。

（二）以人为媒的社交关系再造

短视频平台功能性的设置为用户在其中拓展社交关系奠定了良好的路径基础，而社交关系的真正激活则离不开用户的主动参与。为了激活平台上的关系互动，短视频平台通常通过诸如设置话题，举办挑战赛与活动，提供点赞、分享、评论、私信等互动渠道来进一步强化用户情感连接。

短视频平台为了吸引用户和促进社交互动，常常会推出一些策划活动，如短视频制作比赛、跳舞挑战、美食挑战等，促使用户更深入地参与和体验平台的社交氛围。《2018 抖音研究报告》显示，话题设置、挑战赛等激发用户的创作和参与热情，16% 的作品出自用户参与抖音花样百出的挑战话题。以抖音中的"西安"话题为例，抖音平台上有大量关于西安的网红民宿、毛笔酥、永兴坊摔碗酒等视频内容，截至 2018 年 12 月 12 日，用户关于"西安"的互动讨论量约有 38.5 亿条，热门背景音乐"西安人的歌"也有 56.1 万次的使用量（熊茵、季莹莹，2019），"摔碗酒""西安人的歌"等话题也持续火爆，在抖音的传播下，西安这座千年古都一举跃居当代"网红"之位。

这种传播模式不仅推动了线上"网红"的诞生，也催生出新的文旅"打卡经济"。《2019 抖音数据报告》显示，2019 年，抖音用户全年打卡 6.6 亿次，遍及全世界 233 个国家和地区（抖音，2020），话题"大唐不夜城不倒翁"相关视频播放量超过 23 亿次，可谓做到了"一个人带火一座城"。又如抖音中的"踢瓶盖挑战"，从最开始的简单动作设计演变为"回旋踢""后空踢""蒙眼踢"，随后又加入各种搞笑和创意设计、特效等元素，最后在发展的过程中不仅有素人的争相表现，还引来了诸如赵文卓、甄子丹、谢霆锋等功夫明星的参与，一时间火爆全网，截至2020年底，"踢瓶盖挑战"相关视频已达到39亿次播放量，这使其成为万众参与的互动活动，并在用户之间形成了一种积极活跃的"竞争式"的互动社交态势。

短视频平台还开发"合拍"的功能，鼓励用户选择与"他人"共同完成某项作品，虽然在操作层面用户不需多费功夫，但这背后折射的是用户的兴趣乃至喜好所在。相较于"观看"，"合拍"更能体现用户对其选择的那个人的喜爱和依赖，表明用户愿意跟其"产生某种联系"。如在抖音中经常会看到母女合拍、闺蜜合拍等形式，用户以此来显示自己对家人和朋友的亲近；也有选择和明星如肖战、王一博等人合拍的，以此来表示对他们的拥护和支持。用户"GG没有Hadid"经常自己设计英语对话情境，自己扮演其中一个角色，并留下空白邀请其他用户合拍。该形式收获网友极大好评，截至2023年7月，抖音中"合拍"的话题已累计播放量达5404.8亿次，其中"合拍情景英语挑战"话题播放量也突破了1.3亿次。

话题和竞赛的设置不仅在用户之间形成了一种积极的良性"竞争"关系，激发用户的创作参与意识，让用户在这种互动过程中缩短了彼此间的心理距离，而且使用户通过观看和参与共同的兴趣话题，乐于与其他用户之间建立情感联系，进而激发其进一步交往的意愿，促成交往行为。

此外，点赞、分享、评论、私信等互动功能的设置使用户之间可以方便地相互交流，从而加强用户之间的社交联系，增强用户对于平台的依赖以及对于短视频内容和创作者的情感共鸣。点赞是短视频平台中最基础的互动方式之一，是用户对视频内容的认可和肯定，也是对发布者的一种鼓励和支持。分享功能则是将短视频分享至其他用户或社交平台，扩大其传播范围，增加短视频的曝光量，以此加强用户的认同。评论是用户之间互动的重要方式，相对于点赞和分享，评论需要用户付出更多的"情感劳动"，因此它也是最为直接体现用户强烈情感或观点的手段之一，通过评论，用户之间可以形成更高层次的讨论，以更进一步地明晰自身的认同。

传统的单向传播模式将受众的热情拒之门外，传播者也无法获得及时的反馈。在短视频平台中，内容的评论区成为用户之间沟通的桥梁，用户在观看短视频的同时即可随时留言，抒发自己的感受和感情，评论区也成为短暂的留言板，供"到此一游"的人们相互鼓励或告慰。

在短视频平台中，一则文案往往会引发诸多讨论与感慨，"91 男，2016 年考研失败后独自一人来北京闯荡，毕业四年未混出任何名堂，大龄剩男 N 无青年，自信和笑容都没了"，至案例选取时，该视频收获 2.1 万次点赞，近百次转发，也引起了人们关于"北漂""成功"等话题的讨论。有用户在评论区写道，"以后我的儿子我会和他约定好，允许他 28 岁以前在外面为自己的梦想去拼，毕竟年轻人的时代不是我能理解的，也许外面能实现抱负。但 28 岁如果还没闯出名堂，就得回家考份体制内的工作，不求大出息，只求孩子一生安定无忧"。也许是感同身受，也许是处境相同，视频作者在此评论下竟回复了三个"点赞"的表情。也有人在此评论下提出质疑，"28 岁可能时间有点短，需要试错的时间"，也有人回复"只要认真生活，只要能照顾好自己和父母，就是成功的"……此刻评论区的讨论已无关对错，用户变成了一群没有名字，但是有相同感受、可以产生情感共鸣的"亲切的朋友"。

从情感出发，在短视频中寻找感动和共鸣，进而将其转化为对视频作者本人或相关他人的好感和信赖，借助短视频平台的评论与私信功能，将"生命的过客"转化为"熟悉的陌生人"，这是在虚拟空间中交往的进阶，也是一段新的社交关系的开始。

此外，"关注"和粉丝系统也是短视频平台巩固用户社交关系的重要方式。通过关注与被关注、成为粉丝与被粉的方式，短视频平台中的"观看"具有了"仪式感"。20世纪80年代，美国新闻传播学者詹姆斯·凯瑞提出"传播的仪式观"，在他看来，传播不是表面的信息传递活动，而是一种维系社会关系的仪式性活动。试想一下，当你决定成为某位博主的粉丝，在打开短视频时，你会更关注短视频本身给予的信息价值还是博主本人带给你的情感价值？当你对某个人的期待已完全超乎内容本身，而似"朝圣"或"探友"般观看其在短视频平台中的表演时，对于短视频社交的魔力问题便有了答案。

短视频平台不仅映射着我们生活的环境，而且越来越多地占据我们的现实生活，用户尤其是青年群体在其中积极地进行自我表演和情感表达，既以"当事人"又以"旁观者"的姿态，在这个更加光怪陆离的"文本世界"中徜徉，阅读他人，审视自己，并在与他人的互动中逐渐寻找存在，获得认同。

第二章

当代青年在短视频平台中的身体表演

我们缺的从来都不是"形象",而是足以支撑"形象"的生命叙事。

匈牙利电影理论家巴拉兹·贝拉(2003)在其《可见的人》中写道,印刷术的发明逐渐使人们的面部表情看不到了。印刷出版物上可以读到一切,以至于使其他表达情感的方式受到冷落……现在,另一种新机器将根本改变文化的性质,视觉表达方式将再次居于首位,人们的面部表情采用了新方式表现。这种机器就是电影摄影机。毋庸置疑,相较于电影摄影机,短视频、直播等新形式以极低的成本把人们重新带回视觉世界,并重新激活面部表情和动作语言的表达功能,使身体表演成为该视觉文化中的核心。

2013年,移动短视频时代正式拉开序幕,2016年"中国视频直播元年"到来，如今短视频产业突飞猛进，已成为互联网文化中不可或缺的形式和人们新的互联网生活方式之一。中国互联网络信息中心（2023）发布的第51次《中国互联网络发展状况统计报告》数据显示，截至2022年12月，我国网络视频（含短视频）用户规模达10.31亿人，其中短视频用户规模达10.12亿人，占网民整体的94.8%，网络直播用户规模也达7.51亿人，占网民整体的70.3%。

麦克卢汉曾提出"媒介是人的延伸"的论点，短视频即是以最便捷和最接近人体真实观感的形式重塑人们认识自我和社会交往的方式。对于当代青年而言，短视频为他们提供了一个进行自我表演和开展交流的新"舞台"，他们按照各自的"剧本"进行"叙事"，在其中上演一幕幕属于自己的传奇。

无论是出于自我参与意愿的主动，还是陷于平台技术祛魅的被动，在所有的"叙事"形式中，身体作为人们最直接、最有力的武器被不断挖掘和放大，身体表演成为短视频文化中最原生也最奇特的一种景观。短视频虽然降低了人们进行内容生产的门槛，但优质的内容创作依然要求较高程度的专业训练和较高水平的媒介素养。对于多数人而言，限于教育程度、知识背景及职业领域等，身体或日常生活中的自己成为其最易获得和最易操作的素材。为了最大限度地吸引用户，各大短视频平台积极响应配合，开发各种工具和模板不断降低内容参与难度，这是短视频可以吸纳如此多各知识层次用户的原因，当然也成为出现大量同质内容的主要原因之一。

以抖音、快手为例，用户只要打开应用，点击主页面下方的"拍摄"图标便可以进行短到十几秒长至几分钟的拍摄。此外，拍摄页面还设置了各种美颜工具、滤镜、道具等供用户选择，即使没有深刻感人的故事或华丽温馨的文案，甚至不需要语言与声音，只要点点头、眨眨眼就可以在各种模板和"拍同款"中生成一个个精美的"作品"，然后又在平台算法和"热门视频"的加持下引发下一轮的连拍效应。

不用过多周折，甚至无需成本，只要有最基本的"身体"便可以完成"叙事"的书写，还可以获得可观的流量和"明星式"的待遇，于是在平台的隐性裹挟和内心表达欲望的推波助澜中，身体成为冲在前方第一线的武器，主动投入短视频红海中。

欧文·戈夫曼（1989）把人们在日常生活中的自我呈现视为一种"表演"，人们通过选择最合适的"角色"完成特定"场景"下的"表演"，以此来建立自己的自我形象，并在与他人的互动中随时调整策略以保持"印象管理"。短视频为当代青年提供了一个重新进行"印象管理"的工具，他们在这个虚拟的"舞台"中重新选择"化身"，重新设置"自我形象"，以"理想中的自我"展开一次新生。无论是日常生活中的做饭、学习、聊天、逛街、游戏还是创意故事、特殊场景编排，以身体为主要工具的"表演"和"文本创作"随时上演。

如前所述，短视频平台吸引并集纳着众多用户的创意"文本"，已然成为承载新内容的"文本世界"，用户以生产者和接受者的双重身份创造并体验着他们感知到的世界。根据利科的叙事理论，所有的创造来源于对生活的预理解，即"摹创一"环节，在短视频平台中，我们经常会看到用户基于自己对生活和世界的理解，以各种创意和自己的身体进行表演或呈现某一类群体的身份，而选择什么身份或"角色"进行表演则隐含了他们内心对该身份或"角色"的认同。

只有先了解他们对身份的呈现，勾勒出当代青年在短视频"表演"中流露出的外在角色追求，才可深入其内心，探讨其身份认同。根据在各大短视频平台中的长期观察，以及基于认同理论的相关划分标准，当代青年在短视频平台中经常表演的"角色"可分为真实生活的记录者与表达者，以及分别以文化认同、职业认同、阶层认同为依据的不同身份类型的表演者，这些形象的表演和展示，充分体现了在对现实世界预理解的基础上，他们的内心对于自我身份的确认和重塑。

需要郑重声明的是，本书主要写作目的为学术交流研究与课堂教学，如权利人认为本书所选案例对其权利造成侵害，请向作者书面提出，以便做修改或删除处置。任何将本书所涉及信息用于商业目的的行为均须得到权利人的许可或授权。还需说明的是，本书并不是把粉丝的数量作为选取案例的绝对标准，正如本书自始至终秉持的理念一样，每一位热爱生活的人都值得"被看见"。在此，再次向各位致以最高的敬意，是你们共同"书写"了本书。

一　基于真实生活的身体表演

此轮短视频的兴起源于普通群众的广泛参与，因此相较于传统专业人士生产的短视频，短视频平台中存在大量和人们的日常生活、自我表达相关的内容，呈现明显的日常化特点。两大短视频平台的口号的转变——抖音平台从"让崇拜从这里开始"到"记录美好生活"，快手平台从

"记录世界记录你"到"拥抱每一种生活"，体现的正是对每一位个体真实生活和原始生命的崇尚与敬畏。

虽然当下短视频平台的商业气息越发浓厚，甚至"商业"已成为某些平台的第一属性，但从此前的一些数据以及用户不经意间的留言中，依然能够感受到人们对于短视频平台日常气息的怀念与留恋。《2019年第3季度中国短视频市场研究报告》显示，48.6%的用户发布过日常生活类短视频，对于用户发布原因的调查结果显示，48.9%的用户选择"记录生活"，36.7%的用户选择"分享个人日常"，42.2%的用户选择"社交互动需求"（比达咨询，2019）。《2019抖音数据报告》显示，2019年，46万个家庭用抖音拍摄了全家福，相关视频播放27.9亿次，被点赞1亿次，308万支视频记录了父母与孩子相处的温馨日常，176万次迎接新生、18万次高考、38万次毕业、709万人分享婚礼（抖音，2020）……正是这些日常构筑了短视频"世间百态"的景象，为互联网文化增添了"人间烟火"的气息。

Vanessa_A是国内一名在读博士研究生，也是抖音平台万千用户中的一位。几年前，抖音初露锋芒，Vanessa_A将自己与抖音平台一道，设定为研究对象。从最初的"舞台"到新型的"市场"，从传统电商到新消费时尚，Vanessa_A不断记录抖音平台的变迁，也不断更新对抖音的认知。毫无疑问的是，抖音的每一步发展都可谓踩在了时代的节点之上。然而在 Vanessa_A 看来，无论"头部"如何变化，托举起抖音这艘巨轮的仍是底层千千万万的普通人和数以亿计的日常。

相较于选择专业的"赛道"，Vanessa_A 更多的是将抖音视为某种自然的寄托。在其更新的短视频中，没有枯燥的说教，没有富丽堂皇的背景，一包虾条、两根雪糕是其常用的"道具"，再配以"对小朋友有点幼稚，对博士生刚刚好！"等戏谑文案，好像平平凡凡，但又在"四两拨千斤"之中装下所有美好。Vanessa_A 是热爱分享的，但又是避免聒噪的，正如她介绍做短视频的初衷时所言，

本真，是一种坚守，也是一种选择，每个人的故事都值得静静观赏。我希望这个世间能保有我一些存在的痕迹，但，这并不是强求。于我而言，能"看到"别人，已经是与有荣焉。

在短视频平台中，"岁月静好"是公众内心对理想生活的映射，然而正如生活本身一样，有苦有甜才是现实最真实的体验。在抖音中，"北漂"这个话题的播放量已经累计达 37.2 亿次。"我是嘎嘎"是一名 95 后的"北漂"，在其

主页的自我介绍中，她调侃自己为"互联网民工"，起床、挤地铁、加班、熬夜、叫外卖、吃泡面……"我是嘎嘎"没有错过任何一个"北漂"生活中的关键词。也可能是年轻带来的精力和勇气，"我是嘎嘎"的视频中虽在感慨"北漂"生活的不易，但字里行间又透露着自己的希望和坚持，她在视频中经常会提道，

> 来北京之后才知道，比你优秀的人比你还努力；
> 一个北漂就不配拥有生活吗，北漂后最常听到的两句话，一句是'北京压力那么大有什么好的'，还有一句是'你再怎么努力也买不起北京的房'，或许大家说的都对，可人活在世上，谁没有压力生活不累呢？只要是努力去过自己想过的生活，每个人都值得被鼓励不是吗？！

像"我是嘎嘎"这样的年轻人在抖音中还有很多，"来北京两年搬家五次，留下来是因为这里承载了我的梦想，压力与动力并存"。北京已经成了梦想和机会的代名词，一波波青年蜂拥而上，试图在夹缝中拼出一条晋升之路。当然，有坚持的，也有转身的，在抖音中，住在六环以外、月入不过几千、身体警钟响起、父母年事已高……

都成为击败他们的最后一根稻草，一些人的"北漂"生活也在"北漂几年，我最终选择了回家""五年，不遗憾，我终于结束了我的北漂生活"中落下帷幕。

真实之所以有力量，就是因为敢于面对内心真正的想法和自己的这种由内而外透露出的坦诚与底气会被用户迅速捕捉，并在无形之中吸引和感染他们。根据保罗·利科的叙事理论，人们通过预理解对当下的生活和世界形成预先判断和解释，再通过叙事进行展现。利科强调话语的"事件性"与意义，而"事件性"与意义的根源和指向都离不开真实——事实上，利科的整个主体哲学即是在将"我思"下拉，然后重重落在实在的"我做"之上。从这个意义上讲，真实不仅是叙事的一个重要属性，也是叙事的一个目的本身。

因此，与之前的"秀场直播"不同，此次参与互联网中"表演"的个体不再是出于某种特定的因素，而更多的是对自然生活与内心本真的流露。当然，由于"凝视"的存在，这种"表演"在一定程度上超出对客观环境和现实中"客我"的描述，带有精心设计的意味，但这并不能磨灭其底层基于真实的逻辑。因此，这种"表演"代表着本真和对原始生活的热爱，成为当下多数青年群体的自然选择。

这种拍摄手法或许看似平常，或许在某些专业人士眼中甚至略显"笨拙"，但这就是短视频给予每个人的最新体验。用户看着每一个和自己相似的经历会哭，看着每一个感同身受的故事会笑，感受着别人的一切，也为自己的一切而感动着，对于观看者来说，短视频中每一位记录和表达自己生活的人，都是另一个自己，他们站在巨大的"文本世界"面前，毫不吝惜地打开自己，以最大的共情能力投入其中，感受他人，理解自己。

需要注意的是，短视频为公众提供了一个全新的自我呈现和社会交往的舞台，为人们打开了一扇可以自由穿梭于现实和虚拟之间的大门，同时也模糊了"真实与幻境"的界限。近年来美图行业迅速发展，"美丽""可爱"等评价不再是某些"天生丽质"群体的专有体验，人们只要动一动手指即可获得"天使容颜"，磨皮、瘦脸、Ins 风、可爱风等道具或功能满足了人们各种不同的自我幻想，自拍图片、自我展示的短视频内容风靡网络。2016 年的一项统计显示，在国外流行的图片社交平台 Instagram 上，有超过 2.88 亿张带有"#me"标签的自拍照片，有超过 2.55 亿张带有"#selfie"标签的自拍照片（苏文亮、张文静，2019）。

在这一轮"自我表演"的风潮中，美颜工具发挥着至关重要的作用，"无美颜不自拍"的女性用户也成为这项实践的积极参与者乃至引领者。艾瑞咨询（2015）与美颜相机联合发布的《中国第一份女性自拍研究报告》显示，在爱自拍的女生中，27.9% 的女生每天都会自拍，87.4% 的女生对自拍效果感到满意，48.8% 的女生认为自拍能够带来自信，对自拍效果满意及认为自拍能够带来自信成为女生自拍上瘾的主要原因。随着时间的推移，截至 2019 年 7 月，中国拍摄美化行业市场渗透率达 40.7%，用户规模为 4.5 亿人，其中"Faceu"（激萌）这一软件的日活跃用户达 1118.3 万人。

美颜工具等的发展与普及在一定程度上消解了人们的容貌焦虑，但人们同时将自身置于"幻象"之中，以至于有时很难分辨清楚，使用滤镜到底是展示完美的自己，还是揭露自己内心不为人知的渴望——成为"别人"。带有美化功能的短视频为人们提供彰示存在的机会，也为身份认同最终走向虚无埋下伏笔。

二　基于文化认同的身体表演

个体于某一文化环境中成长，不可避免受到该文化的影响。当代青年在短视频中的身体表演与角色呈现反映了对特定文化和价值观的感知与理解，他们在与他人的互动中确认和塑造自己的身份认同。这种表演或通过共同的语言符号进行，或基于某种特定的文化符码和行为模式体现，有时甚至突破和改变已有符号的使用方式，重新诠释某种文化的当代价值与对于个体的意义。经分析，当代青年在短视频中基于文化认同，主要扮演了传统文化的传承者与传播者、青年亚文化的参与者与推广者两种角色。

（一）传统文化的传承者与传播者

工业革命的发展将人类带入现代社会，人们在享受现代文明带来的智能与便捷的同时，往往感怀传统文化承载的竹林清风与淡雅墨香。在短视频中，我们常常看到竹林深处走出一位"西厢"的姑娘，喧嚣之中显现"悠然见南山"的美梦。一项传统文化的形成与传承凝聚着几代人的付出和艰辛，然而可惜的是，即使几辈人代代守护，因耗时久、变现慢等现实因素，在媒体报道中依然会看到我国非物质文化遗产频频告急的相关信息。

近年来，随着短视频蓬勃发展，传统文化已然成为短视频中重要的传播内容，且吸引着青年群体的积极参与。相关数据显示，截至 2019 年 5 月初，抖音平台上与传统文化相关短视频超过 6500 万条，累计播放量超过 164 亿次，

累计点赞数超过 44 亿次（武汉大学媒体发展研究中心、字
节跳动平台责任研究中心，2019）。《2022 非遗数据报告》
（抖音，2022）显示，2021 年 6 月 1 日至 2022 年 5 月 31 日，
抖音平台国家级非遗项目相关视频播放总数达 3726 亿次，
获赞总数为 94 亿次，其中 80 后、90 后青年成为非遗传承
主力军，在抖音非遗创作者中占比达 61%。2019 年 3 月，
短视频平台快手发布"非遗带头人计划"，希望更多人参
与和挖掘非遗文化价值，截至 2021 年 10 月，快手平台中
国家级非遗代表性项目覆盖率达 97.9%，聚集超过 5847 万
人的非遗创作者。这些数据表明，传统文化并未丧失其生
命力，更没有丧失对青年群体的吸引力，相反，传统文化
正在因当代青年的参与和努力而具有重新焕发光彩的机会。

　　这里，不得不提一个人。王佩瑜是京剧余派第四代
传人，上海京剧院国家一级演员，"其实京剧也可以很好
玩""世界上只有两种人，一种是喜欢京剧的人，一种是
还不知道自己喜欢京剧的人"是她的口头禅。在以往的认
知中，京剧虽然被奉为国粹，但似乎已成为上一代人的专
属娱乐，很多年轻人表示"欣赏无能"。王佩瑜的出现让
人们对这一现象有所改观，1978 年出生的王佩瑜似乎深谙
当代青年的喜好，她凭借移动互联网和短视频的东风将这
一池春水吹皱，亲力亲为投身于戏曲的当代传播中。她在

抖音平台中开设京剧脱口秀《瑜你台上见》节目，分享京剧行业台前幕后不为人知的故事和趣闻趣事，并借助热点时时挑动观众的心弦。电视剧《鬓边不是海棠红》开播当期，王佩瑜借用商细蕊置办行头的情节讲述梅兰芳先生对于戏服的重视，为观众还原当时的梨园盛景。许多粉丝听完王佩瑜的讲述，不仅深深喜爱上这位个性鲜明、雷厉风行的"瑜老板"，更发掘出京剧活泼可爱的一面，纷纷表示要去"捧角儿"，留言缤纷而至，

> 如果有一天我买票去看戏，那一定是瑜老板的戏～～""爸爸以前在我们当地京剧团，我小时候就听《红灯记》《智取威虎山》《沙家浜》等样板戏，从小就喜欢京剧，但可惜自己没有一副好嗓子，现在看到年轻人又重新开始喜欢传统艺术了，真好！！！

武汉大学媒体发展研究中心副主任肖珺指出，短视频对传统文化传播具有唤醒、激活、复现三大功能（极目新闻，2019）。王佩瑜对于京剧的传承与传播无疑是成功的，这种成功不仅源于其扎实的专业功底和活泼的传播形式，更深层次的是源于其对自身以及所从事行业的相信与认同。利科指出，个体通过对于现实世界的预理解来编排叙事，

而这种预理解又何尝不是基于对某种信念和价值的认同而产生的。因此，也只有当叙述者对自己所信仰的事物怀有坚定的信念与承诺时，才能更好地感染他人，并在互动的过程中寻找认同与形成共识的可能。

（二）青年亚文化的参与者与推广者

短视频平台是主流文化、传统文化的表演场所，也是青年亚文化的衍生发展之地。2009 年哔哩哔哩（Bilibili，简称 B 站）成立，成为中国第二个弹幕视频网站。B 站中聚集了大量青年群体的娱乐文化元素，以二次元内容输出为主，逐渐向多元化过渡。经过十余年的发展，B 站现今已拥有大量优质自制短视频内容，涌现出许多优质且"出圈儿"的"UP 主"，稳健地成为具有独特个性、拥有众多稳定受众的短视频文化社区。

根据官方数据，B 站目前包含 700 多个内容品类、7000 多个文化圈层，且这些分区均是根据用户兴趣的发展自动形成的。相对于抖音、快手中的短视频，B 站中的视频内容时长相对较长，大多在 10 分钟左右，这为当代青年较为完整地进行叙事、输出优质内容提供了一种全新的文化体验。

UP 主"十音"本名王十音，是一位加拿大华裔，据其视频中的自我介绍，"十音"出生于北京，7 岁时跟随家人移民加拿大温哥华，在英国伦敦政治经济学院获取国际关系和历史双学位。2016 年回国工作后，她遇到了爱好汉服的合租室友，于是在室友的影响和激发下也爱上了汉服，并把汉服穿到了伦敦、巴黎、欧盟总部和日本关西。

"十音"热衷于汉服，也热衷于分享，每入手一套新服饰，便迫不及待地拍摄试穿视频与用户分享。在"十音"播放量最高（228.8 万次）的一条视频《我到底买了多少汉服》中，她展示了上百件样式优美、制式华丽的汉服。"十音"十分爱重整体观感与用户体验，有一次为了搭配一套汉服，她专门去深圳购买了 130 年前的清代官扇。2020 年 1 月 4 日，她更新了一条视频叫《当代女子图鉴》，视频还原了四套古代人物画上的唐代女性服饰和妆容。"十音"自己介绍在制作这期短视频时，参考了很多壁画和文献，壁画里长什么样，文献里怎么写，自己就怎么装扮，尽可能还原当时的审美。这期视频播放量 53.5 万次，弹幕 3000 条，"好看""绝了""太用心了""美人如音"成为网友对其最多的评价。

相关材料介绍，"十音"于 2019 年从某游戏公司辞职，随后专职从事短视频内容创作，视频主题以日常生活和青年亚文化宣介为主，从 Lolita 装到民国女装，从探访奢侈品店、钓鱼台国宾馆、米其林餐厅，到尝试练习女团舞、拍武侠微电影……"十音"用自己的热情展示着当代青年对于他们所喜爱的文化的关注与探索，正如我此前所言，对于亚文化的选择并不是"玩物丧志"，而是当代青年的某种心理遵循，它或许不同于主流文化的表达与审美，但代表了当代青年在追求个性、寻找自我认同和情感依托方面的勇敢尝试。

兴趣爱好是身份认同中很重要的一环，短视频赋予当代青年更加大胆展示自己、表达自己的机会，在抛开现实生活的血缘和地缘之后，当代青年在广阔的互联网空间中，以趣缘结交朋友，以他人的支持与肯定向外延伸，寻找自我，获得认同。

三 基于职业认同的身体表演

（一）知识生产的创新者与推动者

青年作为社会中的重要群体，普遍接受过高等教育且拥有较为广泛的知识储备。短视频平台中，当代青年自觉承担起知识生产的创新者与推动者的角色，将各类知识具象化、生动化地呈现给观众，提高知识的传播效率，推动社会的发展。《2019 年抖音数据报告》显示，获得网友点赞最多的职业是教师，总点赞量高达 6.2 亿次，《2022 抖音知识年度报告》显示，2022 年抖音知识类内容继续呈增长态势，万粉知识创作者数量超过 50 万人，不同领域的知识类创作者可满足用户多种知识获取需求。第十届中国网络视听大会上，B 站负责人表示，近几年知识类内容在 B 站生态里持续增长。三年来，B 站的知识类创作者数量同比增长 86%，知识类视频投稿量同比增长 199%。知识类短视频已成为各平台内容生态环境中重要的组成部分（见图 2-1）。

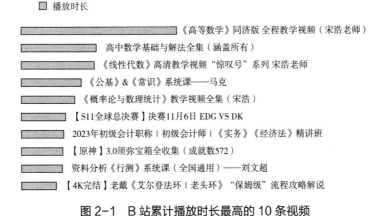

□ 播放时长

《高等数学》同济版 全程教学视频（宋浩老师）
高中数学基础与解法全集（涵盖所有）
《线性代数》高清教学视频"惊叹号"系列 宋浩老师
《公基》&《常识》系统课——马克
《概率论与数理统计》教学视频全集（宋浩）
【S11全球总决赛】决赛11月6日 EDG VS DK
2023年初级会计职称 | 初级会计师 |《实务》《经济法》精讲班
【原神】3.0须弥宝箱全收集（成就数572）
资料分析《行测》系统课（全国通用）——刘文超
【4K完结】老戴《艾尔登法环 | 老头环》"保姆级"流程攻略解说

图 2-1　B 站累计播放时长最高的 10 条视频

资料来源：互联网。

"大家好，我是社会毒打爱好者、满肚子奇怪知识、资本马桶搋、退堂鼓研究专家——半佛老师，是一个每天都在镜子前给自己磕头的硬核男人。"这是"硬核的半佛仙人"在每期视频开始部分的自我介绍。"硬核的半佛仙人"于2018年开始运营微信公众号，后又将微信内容做成视频同时搬上B站，内容涉及"互联网""财经""社会杂谈"等领域，每期视频时长为10分钟以上，其通过层层递进的强逻辑分析，犀利解释某种现象或者背后的商业逻辑。

在"硬核的半佛仙人"的视频中，没有过多精致的拍摄画面，只是借助恰到好处的表情包和相关图片进行辅助说明，但从弹幕里可以看出，这些形式已足以获取用户的喜爱。在内容上，"硬核的半佛仙人"经常站在高处，把各大品牌"扒到只剩下裤衩"，最终回归用户的知心人角色，提出解决办法。比如《年轻人是否应该尽早买房？》《为什么渣男总是无往不利？》《网红电商背后的产业链》《为什么学区房比学历更值钱？》《支付宝大改版背后的秘密》……"硬核的半佛仙人"以幽默风趣的形式给予用户各行各业"正确的知识"，而不是进行知识点的强硬灌输，因此在他的视频中"爆梗"不断，《瑞幸咖啡是如何暴打资本主义的？》一期，弹幕最多的是"预言家"，"瑞·民族之光·幸咖啡"甚至一度成为瑞幸咖啡的坊间昵称。网友们纷纷表示，只要成为"硬核的半佛仙人"的粉丝，短时间内一般很难脱粉。

同样"高能"输出的知识类 UP 主还有"罗翔说刑法"。罗翔是中国政法大学教授，作为某培训机构独家授课老师，于 2020 年 3 月 9 日入驻 B 站，开设"罗翔说刑法"账号，仅两天时间，其粉丝就突破百万。罗翔老师不仅是青年教师的表率，而且是备受青年群体关注的"刑法网红"。他讲课风趣幽默，举例浅显易懂、生动形象，将刑法中抽象、枯燥的内容变得有滋有味，这在一定程度上降低了普通人学习法律知识的门槛，增强了人们的法律意识与素养。因罗翔老师常以虚构的名字"张三"进行举例，"法外狂徒张三"已成为粉丝之间的默契，在各大媒体平台迅速"出圈儿"。

当今社会，随着城市化的不断加速以及物质生活的极大丰富，人们对知识的需求越来越大，对精神生活的要求也越来越高。在这个背景下，知识类短视频在普通用户中变得越来越受欢迎。以北京邮电大学学生"何同学"为例，他的短视频以 Vlog 形式呈现学校 5G 网络的速度测试过程，直观、通俗易懂，吸引了大量用户点击观看。用户评论表明，这类知识性内容不仅能够满足人们对信息的需求，而且能缓解大众阅读疲劳的问题。

当代青年成长于信息化与数字化的时代，拥有旺盛的求知欲望与相对成熟的媒介技能，即使城市化的进程为他们带来了某种程度上的阶层焦虑与内心空虚，但在短视频中，我们依然能够看到他们积极努力坚守着精神追求，并以多元和开放的姿态投身于社会文化的建设与发展之中。

（二）新职业形象的代言者与彰显者

人们在日常生活中常常存在对于某些职业的"刻板印象"，这种印象将职业人员的形象和行为模式固化为一种简化的、符号化的形式。例如，教师被认为是不苟言笑的，房产中介经常被描述为西装笔挺的形象。短视频平台中，人们经常看到一些职场人员及其工作情景，但与现实不同，即使他们穿着工作服装出入写字楼，他们在短视频中的形象也正在变得生动活泼，"刻板印象"被逐步消解。

以长春一家公司的销售团队"神仙小分队"为例。在传统印象中，销售人员常常被认为是口若悬河的推销者或者"酒桌文化"的践行者。然而，"神仙小分队"却通过跳舞的方式引起了网友的注意。在短视频中，一位身材稍胖的青年男性及其团队人员身着职业装，随着抖音中的热点音乐自由地跳着编排的舞蹈。或许是职业与舞蹈带来的反差，又或许是日常生活中男性形象与跳舞行为之间的反差，视频中自带搞笑效果的主角"小胖哥"与从不微笑也不跳舞的"背景板""报告小哥"形成鲜明对比，视频一出便受到网友的广泛好评。网友经常打趣道，"来上班吗，教你跳舞的那种""这年头不会点才艺都不好意思说自己是做销售的"，这种形象消解了大家对传统销售行业的印象，重新构建了一个活泼可爱、本真自然的新印象。

近几年，短视频平台上涌现出各垂直领域的职业领袖，这些领袖的出现带来了全新的短视频内容形态。虽然他们的短视频在制作形式上与普通用户记录生活和表达情感的短视频相似，但由于这些职业领袖本身具备的专业基础和观众熟悉度，他们具备超乎寻常的号召力。

抖音平台中，体育明星通过抖音体育之聚星计划的扶持，展现出他们的"十八般武艺"。他们发布优质、有趣、贴近生活的视频与用户深度互动，其影响力从赛场、传统媒体逐渐被带到短视频这一新兴领域，形成了新的人气。随着体育明星在抖音平台上的影响力不断提升，体育从业人员如记者、解说员和评论员也相继加入了短视频这一新赛道。他们通过有趣、新颖的视角将对专业赛事的点评带到抖音平台。例如，"评论员詹俊"采用轻松明快的风格对欧洲足球五大联赛进行解读，他的优质高产内容获得了用户的广泛欣赏。"段冉在线"则通过更接地气的方式发布对NBA赛事的评论，其娓娓道来的风格也获得了大批粉丝的追捧。

相较于各垂直领域的专业人士，各领域的"达人"往往是短视频平台上更为活跃的群体。他们高频次地生产和上传有趣、有用的内容，以自己的理念和生活方式影响着用户。虽然由短视频平台中走出的 KOL（Key Opinion Leader）与明星之间存在本质上的差异，但由于其长期"养成式的陪伴方式"，KOL 反而比明星更显得亲切和熟悉。

雅各布·卢特（2011）在《小说与电影中的叙事》一书中指出，"叙事不仅是不同形式的文化表达的基础，而且是我们的经验模式的基础和我们洞察自己生活的基础"，因此，艺术不应该仅仅娱乐大众，更应该解释生活。对于我们而言，大多数人过着平凡的生活，只有将情感照进普通人的生活，作品才能获得持久的生命力，这也是短视频创作面临的新课题。优质的内容应该以人为本，叙事不应单指向高阶的艺术升华，更应是洗尽铅华后对人类最本真、最朴实情感的呈现。

四　基于阶层认同的身体表演

（一）消费娱乐的践行者与引领者

青年，代表着前卫，喜好时尚，时间与经济条件相对充足，因此成为新时代消费娱乐的践行者与引领者，这一点集中表现在他们对于城市的新型消费与体验中。在短视频中，我们常常看到普通用户、文化旅游 KOL、城市品牌账号等共同助力优质文旅内容的创作与持续输出。《2019 抖音文旅行业大数据报告》（巨量引擎，2020）显示，2019 年，仅与文化旅游相关的视频创作和上传量就超过 7 亿条，获得用户点赞达到 384 亿次。这显示了青年群体在城市形象传播中越发重要的作用，体现的是政府、媒介、公众的良性互动。

新疆地域辽阔、物产丰富，其文化魅力和地域风情早已根植在每个人的心中，"有生之年一定要去一次新疆"成为人们心中最温情的憧憬与呼唤。短视频和当代青年"联手"，为新疆赋予新的传奇。出于对新疆美景和文化的天然热爱，许多青年自觉地用每一段文字、每一张图片、每一帧视频为新疆的美食、美景、文化、歌舞、民俗背书，以"我"的身份来感染和影响周边想要重新认识新疆的每一个人。

在很多网友自发创作的短视频中，能看到许多用户的留言评论，"新疆真是个好地方，它能够满足你对一切美景的想象""新疆是人类文明的历史博物馆"……

网络达人 @ 一笑同学在其微博视频文案中深切写道，

为什么要去新疆？因为需要补修这堂"边疆课"。不知这片土地上曾经的艰险危难，就难以懂得今日的安宁和谐。神秘的西域，写满的是中华民族的印记，这是对于多数人尤其对于我们这样的青少年不可或缺的一堂课，是感受历史"摸古触今"的一堂课，只有补上了这堂课，才能真正体会什么是家国。

这种感染如春风化雨，将"自我"对新疆的认同进而转化为与他人的情感共鸣，最终在情感共同体的重会中完成新疆新形象的构建和传播。这些青年用一场"有了调查才有发言权"的自主短视频传播活动，向中国乃至世界宣告，新疆是一块值得所有热爱她的人们踏足的宝地（郭沛沛，2022）。

《2019抖音文旅行业大数据报告》显示，2019 年一年间 1.8 亿多用户使用抖音记录了他们的出行时刻（巨量引擎，2020）。出生于物质生活富足时期的当代青年，"世界那么大，我想去看看"成为他们新的追求和座右铭，"办公室困得住我的身体，但束缚不了我的灵魂""书中虽有黄金屋，但纸上得来终觉浅，须知此事要躬行"等文艺又略带调皮的文案在短视频中层出不穷。旅行已经不仅仅是工作之余的放松休闲，在当代青年群体中，它更是一种生活方式，"要么读书，要么旅行，身体和灵魂总有一个在路上"，这已然成为他们心中对理想生活的追求。即使由于现实的种种限制不能亲自去到心仪的地方，心灵也要与这些青年博主同行。这些青年博主也在被寄予众多期待和向往后，化身为众多网友的眼睛和耳朵，带着他们去感受更大的世界，在短视频优美的文本构建下，成为新型消费娱乐的践行者与引领者。

（二）"城市生活"和"农村生活"的体验者与倡导者

城市生活作为一种特定的社会和文化形态，代表着现代、多元、快节奏与高技术化等元素，这些价值理念被部分青年群体接受和认同，并促使他们对城市生活产生浓厚的兴趣与热烈的追求。短视频中，林立的高楼大厦，川流不息的车辆与人群，永远接不完的电话，夜晚才能回到的家……城市青年在其中穿梭着、寻找着、迷茫着、享受着……

镜头转向另一面，一群农村青年在田野间劳作，在炊烟中闲谈，他们穿着简单的衣服，露出质朴的笑容，他们在自然中生活，也在自然中寻找生命的意义。

随着短视频平台的崛起，越来越多农村题材的内容走进公众视野，《2019 小镇青年报告》指出，2.3 亿名小镇青年在 2019 年选择利用快手平台发布短视频，总量超过28 亿条，视频播放量超过 26000 亿次，获赞数超 800 亿次（快手大数据研究院等，2019）。因其用户群体多元且下沉优势明显，快手平台在面向欠发达区域的扶贫功能以及对新时代农村青年形象构建方面具有重要作用。贵州省的盖宝村的纪委干部吴玉圣深受快手中农村题材视频内容的影响，创新性地将盖宝村的侗族文化引入短视频，试图以文化特色吸引游客，以此发展当地旅游业（澎湃新闻，2019）。在他的策划下，"浪漫侗家七仙女"应运而生，七个姑娘围绕当地文化多元展示侗族风情——制作乌米饭、刺绣织布、唱山歌、逛山水，仅一年多的时间就收获粉丝160 多万人。据媒体报道，该账号每天仅直播收入就达到

1500 元，侗族刺绣和土特产销售额累计达数十万元。盖宝村村民也认识到了网络平台的强大，纷纷回乡尝试短视频带货，这一举措让扶贫工作打开局面，实现全村整体脱贫。

正如所见，随着互联网的普及和信息技术的发展，农村青年已经不再像以往一样视城市为生机之地而离乡背井。他们通过自身的努力及其对技术的应用，不仅在农村生活中获得实现自我价值的机会，而且开始在互联网平台中表达自己的生活态度与价值追求。这种现象在短视频平台中得到了充分展示，许多农村青年通过自己辛勤的劳动和朴实的笑容，展现新时代农民的形象，这不仅促进了农村形象的重建，也增强了公众对农民这一身份的认同。

需要注意的是，短视频为两种不同的生活提供了展演的空间，但并不意味着两种人群的截然对立或存在高低之分。短视频平台中，某些博主为了打造富有"人设"，常以豪华酒店、名牌衣服和奢侈品等强视觉冲击画面吸引用户，这种奢靡与轻浮极易引发受众对消费主义的盲目追求，甚至加剧"仇富"心理。另外，对于农村生活和农村人形象的展示，也存在刻意"丑化"的不良倾向，粗俗低俗、猎奇怪异的内容层出不穷。作为商业平台，用户在其中希望获取一定经济利益的愿望无可厚非，但过度追求物欲而迷失真正的自己，实在是得不偿失。

无论选择"城市生活"还是"农村生活"，不同的是物理空间，相同的是青年群体对于自身价值的判断与追求，是对"我想要过什么样生活"以及"我想成为什么样的人"这两个问题的慎重考量。写到这里，相信很多人会露出浅浅一笑——这不过又是"站着说话不腰疼"的虚假论调。事实上，作为仍在城市打拼，时常对生存产生焦虑的我来说，我没有资格对任何一种生活进行评判，更不能推介——毕竟，生活对谁来说都不是件容易的事情，选择更是。这大概是城市化进程和社会发展过程中必须要经历的阶段。

诚如任何传播技术的革新终会带来社会结构的变革一样，作为由技术推动带来的传播形式的便利，我们在关注其对内容生产的创新和改变的同时，更应该回答它到底为公众和社会带来了什么这一问题。麦克卢汉的"媒介即信息"告诉我们，从历史的进程看，对一个时代所处的阶段和整体社会形态的判断，往往并不取决于媒介中所传递的具体信息，而在很大程度上取决于媒介自身的发展水平。他还认为任何媒介对个人、社会造成的影响后果均来自人类或科技在每次具备发展条件时为人、事、物导入的新的规模层级（徐望，2019），换句话说，考察媒介的意义在于看它所能承载或连接的最大限度。互联网打破了以往媒介资源垄断的限制，将传播权力最大限度地下放至每一个个体，虽然目前对"草根文化"仍存有不同的声音，但高宏存、马亚敏（2018）指出这种带有创造性的生机勃勃的新景观，已然成为当前中国特色社会主义文化充满活力的组成部分。现今，青年群体不只是作为内容的消费者而存在，更是作为内容生产创作不可或缺的主体而被赋予新的意义，互联网时代的文化也不只是用知识的多少来衡量，而是更加以视野的宽窄来测度。互联网尤其移动互联网的出现即是为每一位当代青年提供了参与文化交流和文明共享的机会，从这个角度来讲，"海量"即是意义。随着技术的发展和文明的深化，对于青年群体而言，他们在活动中"参与"与"被看见"的意义，也将超越其内容本身。

第三章

当代青年在短视频平台中的叙事与身份认同

你需要进入他人的眼帘，在作为在场之证明的"被看见"中生成。

这一章，我将回答身份认同"何以可能"的问题。让我们再回到身份认同这一概念上。所谓身份认同，归根结底是要回答"我是谁？"这一问题，在前面的章节中，我曾简要阐述了身份认同的两种主要维度——基于内在主观意识的自我认同和基于外在社会评价的社会认同。如果说这两种认同均指向一种关系性概念，即个体通过寻找与自己相似的特征或群体来建立身份认同，保罗·利科创新性地对身份（identity）一词中所包含的"一致性"进行重新考量，将上述认同归结于"相同性一致"，而后在否定主体不确定性观念的基础上提出"自身性一致"，以完成对

"谁"这个问题的进一步追问（吴飞，2020）。

利科认为，对于主体的确认要建立在某些"实在"的基础之上，诸如身体、个性（表现为习惯和获得性认同）、承诺（似乎能作为伦理主体的纯粹自身的标示）、经验等那些只能属于自己而无法让渡给他人的部分是"自身性一致"的重要体现，也是身份认同的坚实基础。

让我以自身为例向大家具体说明。如果说当下一些青年正在经历或曾经历过我国城市化转型中的彷徨与迷茫，那么，我的阵痛期可能来得更早一些。正如我在前言中向大家介绍的，由于父母工作较忙，我从出生便被寄送到姥姥家，姥姥姥爷不识字，但是给了我最快乐的童年。我在他们身上学会了勤劳、宽厚，以及最重要的——善良。到了该上幼儿园的年纪，我被父母接回城里，开始面对不属于我的陌生的一切。父亲脾气不好，我在家总是战战兢兢；学校里规矩太多，我做什么都要小心翼翼。虽然我还没办法完全理解，但我从他们的衣着打扮、言谈举止，甚至莫名其妙的眼神中依然感受到了一个事实——这里的规则和乡下不同。我只能小心翼翼地试探着边界，以给自己找寻最安全的空间，我学会了安静以及平和——这对我来说很不容易。

也许就在那时，我找到了最适合我的事情——读书，因为不被允许出门，我需要找一些"伙伴"来陪我消磨时间；因为要以成绩来获得认可，我不得不转向"文本"的世界。再后来，我兜兜转转换了好几所学校，当然以世俗的评价来看是一次比一次"高级"，但我也一次比一次孤独。书，自然陪伴我度过了每一个尴尬不堪与不知所措的阶段。毛姆说，阅读是一座随身携带的避难所；对我而言，没有半点虚假，阅读是实实在在的避难所。它可以屏蔽掉外界一切不好的内容——父母的争吵、同学的嘲笑、外人的冷眼，甚至自我的厌恶。它为一个找不到家的小朋友搭筑起最坚实的堡垒，为满身风雨的小孩守护最后一丝温暖。

再后来，我工作了。我依然还是有很多的事情分辨不清楚，讲不出所以然，但似乎我已没有那么纠结了，因为我知道我所期待的美好应该是什么样子，实现我所期待的美好需要怎样的努力。或许稍显幼稚，但这可能是从小埋在我心里一直不曾改变的道理：你要在四月做正确的事，才能在九月得到想要的甜；即使规则变幻，认真做事的人仍会保有一席之地；很多不好的事情发生，错不在你；不管旁人如何抉择，依然相信有人愿意坚守的诚心……

学者，是一个神圣的词语。我没有足够的野心来适配它，事实上，能在这一路途中行走，我已感恩万分。让我们再回到这一主题，作为读者，你应该已经有所感受，我是一个特别笨又很"轴"的人，我不愿意放弃很多东西，比如对美好的向往，对善良的执着，我很固执地相信一切都会变好，即使被人打了一拳，依然相信他不是故意的……这是我的"自身性一致"，它决定了我与他人"性格"中完全不一样的部分。我喜欢读书，想要读书，并且在某种评判标准之下还算读得不错，这是我对自我兴趣以及能力的认知，这决定了我想要选择与读书相关的工作，塑造了我成为一名老师的愿望，这是我的"自我认同"；我迷恋一些"大词"，崇尚书画中的"仙风道骨""淡泊从容"，这是我对"学者"的体认，我虔诚地希望成为他们中的一员，这是我以"社会认同"的维度来认定的追求。

需要说明的是，"自身性一致"和"相同性一致"之间没有完全明晰的界限，事实上，在人的成长过程中，"自身性一致"与"相同性一致"始终处于相互依存、辩证互动的关系中，"相同性一致"不能造成对"自身性一致"的抹杀，"自身性一致"也离不开"相同性一致"的支持，两者在动态演变中为自己找到一种最"自洽"的形式。

我的故事是割裂的，但似乎也是遵循某种一致的，这种神奇的效果源于利科给出的强有力工具——叙事。利科将"叙事"的概念引入身份认同的追寻中，并将其视为解决追寻身份认同过程中可能存在的断裂和冲突的重要武器。

利科认为，个体若想对生命、身份等这些混沌之物进行厘清，则不可避免要选择"叙事"的方式——只有在一种将出生、生活与死亡作为叙述的开端、终结与结尾连接起来的叙述统一性之中，也只有在这种叙述形式中，自身或他人的行为才是可以理解的（王正中，2017）。

根据利科的叙事理论，主体在文本面前理解自己，而"叙事"正是达到理解自己的一种途径，因为构建（阅读）文本的过程是对自身生命故事重新挑选与编排的过程，主体在这个过程中重新梳理、理解自己的生命故事，并赋予事件以新的意义，此时，被理解的自身以某种想象的"具型的自身"凸显，主体开始变得清晰，即通过"叙事"，主体完成了自我的更新，进一步明晰了对自身的理解，也就完成了叙事身份的获取。

正如前文所述，叙事身份不仅仅是在叙事文本中体现出来的身份，也是读者经由阅读和感受被识别出来的身份。通过阅读（观看）他者的叙事，读者在文本中完成了对自身的审视和反思，这也是利科所指出的理解自身最好的方式，就是"他者"这个中介的意旨所在（高宣扬，2009）。因此，叙事主体和叙事故事如"镜中我"一样为读者提供了一个参照，读者在阅读文本的同时，直面自身，"叙事"便有了另一层更深的含义——指向了作者与读者之间的最终"理解"。

此外，利科强调，叙事的核心是情节化，是将"不和谐的和谐"相统一的过程。所谓"和谐"是指叙事的过程应遵循某种程序，如故事的连贯性、逻辑性等；"不和谐"则指命运的突转或突发事件的发生。正如我们每个人都会经历人生的起伏或一时的不如意，如何将这些串联并给予其特定的意义，考验着每个人面对人生的态度，这种"编排"与"纾解"（即情节化）的能力也是显现主体性格、彰显主体认同的重要表现。

因此，本章中，我采用利科"自身性一致"与"相同性一致"的划分方式，以叙事为中介，来回答当代青年在短视频平台中获取身份认同的路径。首先，我此前对于身体以及身体表演的强调，正是为此处埋下的伏笔。身体是每一个个体不可替代、独一无二的物质性实体，对身体的呈现与表演是"自身性一致"重要的体现之一，"以什么样的身体进行呈现""用身体呈现了什么"本身即对某种身份的向往与认同。作为生活在社会现实中的人，当代青年亦无法摆脱对"相同性一致"的追求，需要在与他人的互动中完成自我认同和社会认同，这两者统归于主体的生命"叙事"之中。经分析，短视频中当代青年获取叙事身份的方式主要有以身体为工具彰显自身、以叙事为中介缝合生命故事，以及在"文本世界"与"读者世界"的交汇中确认身份三种主要路径。

一　身体作为工具彰显自身

相较于过去主要以文字为表达形式的时代，短视频平台重新将身体拉回人们的视域之中，将以往匿名的"化身"变为几近真实的主体"在场"。由于技术的低门槛，身体无意识中成为各社会群体在进行内容生产时最便捷与最基本的叙事元素，人们用各自独特的身体极力彰显和演绎着自己的故事以及故事中的自己。无论是对于日常生活的记录还是精心策划的情节，身体均成为其中一种重要的叙事符号，人们以此为基础"出现"在他人的视线之中，以此为基础展开"书写"，以身体构建自我和他人的想象空间。在这个过程中，身体被当作具有典型象征意义的文本符号，成为人们认识自我和把握世界的一种渠道。因此，作为贯穿人类生命过程的实体，身体连接了自身的主体与客体、自我与社会，是个体身份认同中不可或缺的组成部分。

身体在个人寻找身份认同与进行社会化过程中的重

要作用我已在本书中多次叙述，这里，还要强调一点，作为行动主体，身体以实体的形式彰显自身，但往往也因为某种社会审美与价值判断，变为最直接的"规训"对象。

在短视频平台上，我们经常看到当代青年以不同的方式管理并呈现着自己的身体。这是他们在"前台"对于自我形象管理的建立，也是他们在"后台"不断排练和修正的结果。在"前台"与"后台"的穿梭中，在自己与他人的互动中，一个"合适的身体"无疑助推了自我形象的构建。随着美颜技术和各种辅助道具的产生，美已不再是"天选之人"的专属，短视频中的身体表演也表现出极大的观赏性。从多个维度看，身体在人与人之间的沟通作用愈来愈强，梅洛·庞蒂甚至断言，"身体是我们拥有世界的一般介质"（转引自燕燕，2010）。

接下来，结合访谈中的证据来进一步说明。2号受访者是一名综艺节目的导演，22岁的她像很多同龄人一样对打扮、对美有天然的追求，"虽然刚刚毕业，赚钱也不多，但好在家里不用我负担，我几乎每周都要逛一次街，看一下衣服有没有什么最新款式，化妆品的话至少每月都会有一些新的补充"（2号受访者）。

2018年她开设了自己的抖音账号，分享一些生活日常。

　　虽然没有专门打理自己的短视频账号，但只要拍摄，我基本上还是以一个"萌妹子"的形象出现在大家面前，因为我本身就是娃娃脸，会显得很可爱，哈哈，而且我发现抖音中有很多萌萌的小姐姐，她们都很受欢迎，所以我猜想大家应该都比较喜欢这一类吧。现在短视频平台中也有许多美颜功能和特效，即使不化妆也会把你拍得很漂亮，比如我在拍摄短视频时会经常选择一些暖色调的滤镜，然后加上兔子耳朵、蝴蝶结、校服一类的特效，瞬间让你显得更加呆萌可爱。（2号受访者）

或许受自己工作属性的影响，虽然2号受访者在谈到潮流、时尚时滔滔不绝、自信满满，但对于自己的身材管理却表现出极度的严苛。

　　我们这个工作经常会跟艺人打交道，他们都那么瘦那么好看，如果你稍微胖一点的话，站在他们面前会觉得特别尴尬。虽然大家觉得我娃娃脸很可爱，但是这是没办法，我尝试过减肥，但脸型依然没有什么

变化。身上只要胖一点就会难过好几天，然后疯狂节食，跑健身房。（2号受访者）

因此，身高1米62的2号受访者，体重常年保持在90斤以下。

同样提到工作对自己形象有要求的还有3号受访者。作为某传统杂志社的文字记者，职业属性要求她平时要表现出端庄大方的一面，因此，只要在工作场合，她的服装便以西装为主，"但是其实我私下是一个极度'二次元'的爱好者，我有很多cosplay的衣服。工作场合是肯定穿不了的（苦笑），但还好有短视频平台可以让我有展示私人兴趣的空间"（3号受访者）。

在3号受访者提供的短视频中，如果不是刻意提醒，几乎看不到任何与3号受访者日常工作中的形象相关的影子，平时落落大方、气质优雅的她在短视频中却头戴粉色假发，身着"二次元"风格的服装，在每个短视频中认真地扮演着某个自己喜爱的角色。

可能我周边的人都不是很理解，但我真的就是喜欢。之前我还试图想要跟他们解释，但现在也没有那么执着了。在短视频平台中，我看到很多和我一样的

人，这让我觉得很开心，也很欣慰，也让我更加有勇
气大胆地表现自己。我当然知道这是一个虚拟空间，
但看到有人给我点赞、发评论的时候，还是会非常开
心，尽管你知道这种认同可能无法带到真正的现实生
活中。（3号受访者）

除了对身材、服饰等的关注，在受访者中，几乎所有
的女生都提到了对脸的重视，"我每月的开销里，用于护肤
品、化妆品的花费最多，小到口红，大到水乳套装，只要
逛街或者网购都要花个几百块钱"（4号受访者），"虽然我
还是个学生，但平时也会关注一些化妆类的教程。虽然我
不愿意承认，但有一个很明显的感觉，班级里漂亮的女孩
儿就是天然地会受到更多欢迎和关注"（7号受访者）。从
事美妆行业的10号受访者直言，"现在本来就是个'看脸
的时代'，如果说年轻和漂亮还不能到'硬通货'的地步，
但在某些行业，至少是敲门砖。我看到过太多的女孩因为
不同的诉求和目的，疯狂地出入护理中心、医美中心这些
地方，就是为了换一张自己满意，或者说让别人满意的脸"
（10号受访者）。

脸以不同的程度表征着自身的状态和社会的维度，甚
至从某种程度上来说，脸是自我的象征。人们根据脸来区

分你我，进而辨认出你我（王宁，2001）。费斯克（2001）认为，在大众娱乐时代，快感主要通过身体来运作，并且经由身体被体验或被表达，鲍德里亚（2000）把身体比作"最美的消费品"，特雷·伊格尔顿的话剧《圣人奥斯卡》中的人物王尔德有一句著名台词，"脱去我的服装，我的灵魂也就跟着走了"。这些论断无不强调了身体或外在形象对一个人的重要作用。

无论是在现实社会还是在短视频平台中，身体带给他人的第一印象，直观地显示了一个人的过往境遇。在一定程度上，一个人的自尊自信、生活境遇、社会地位等均可在身体上找出某种痕迹，因此，当一个人选择利用身体进行表演时，不可避免地会显示出一定的身份认同。由于过往基础的限制，个人更倾向和容易选择与自身形象和社会角色最接近的人物来进行表演。当然，由于主观能动性和社会规范的存在，个体在表演和塑造身份时，会有意识地根据"场景"选择最恰如其分的行为举止（戈夫曼的"自我呈现"理论），即当个体有了"我"的意识，并且决定将要以"我"的某种形象进行表演时，个体也会有意识选取最符合或最能证明这个"我"的身份的素材来进行演绎。

此外，身体社会学认为，对身体能力、感知等各方面的控制和管理，是一个社会系统得以建立和维持的关键，每个社会均会创造出理想的身体形象以界定彼此，定义自身（王瑞鸿，2005；文军，2008；郑震，2009；赵方杜、侯钧生，2010；赵方杜，2012）。同时，社会成员的身体属性也体现着统治阶层的标准和价值观，身体成为权力、道德伦理和意义诉求的集结地（杨大春，2000；冯珠娣、汪民安，2004；汪民安、陈永国，2004；辛斌，2006；刘汉波，2017）。

综观一个人的成长历程，从出生开始，人们对于世界及其运行方式的认知与理解，某种程度上就是以具体性存在的身体和肉身经验为先验基础的，因为身体是人类与外界直接接触的媒介，必然也是认知的先决条件。理解世界所需要的一些基本的概念，如平衡、规模、力量、周期等，它们的意义也可以在身体体验与身体实践之中被感知。比如对"越高越重要"的理解，个体首先是基于身体经验直接理解这一观念的内涵，其后形成关于其隐语性投射的理解，认为社会阶层、社会地位也是越高越重要。维果茨基与约翰逊的一项研究证实，以身体为基础的对基本概念的领悟以及在此基础上所获得的意义，对个体进一步理解社会经验、社会结构，扮演社会角色奠定了基础（闫旭蕾，2008）。

短视频中，作为形体、形象载体的物质身体，被青年群体寄予了太多期待，也被赋予了太多意义，这也是为什么无论是在现实生活中还是在短视频中，以舞蹈、美容、减肥、健身等方式进行身体展演的行为层出不穷，似乎经过改造、训练和再生产等之后的身体已不再是此前平凡的自己，而是成为自我价值提升的重要证据。

在我们这一行，大家心底似乎都有某种暗示，如果我可以控制我的身体，那么我也可以控制我的人生。（2号受访者）

从这个意义上讲，身体的出场，既是自我的出场，也是自我社会身份、地位的出场。身体在出场过程中所体验、感悟、见证的一切又成为个体建构自我的原料，周而复始地投入身份认同的再生产中。

二 叙事作为中介缝合生命故事

叙事之所以成为可能的逻辑，在于实践本身存在的可能性逻辑。利科认为，行动若想获得理解，必须通过叙事的方式向公众开放。利科（2003）指出，"要变成叙述的逻辑，它必须转向文化上公认的塑形，转向在承袭传统情节时使用的叙述模式"，利科进一步将"情节化"的概念拓宽，把"情节化"视为主体的一种能动性，将其视作主体反思精神和智慧的体现。通过"情节化"叙事，主体完成对生活叙事的模仿，并在现实生活的基础上进行超越，构建符合自己理想逻辑的叙事文本。因此，叙事的过程是个体书写自身"文本世界"的过程，必然也是带有选择和价值构建的过程。

无疑，当今时代是一个叙事的时代，是不同于以往以传统主流宏大叙事为主的微小叙事和生活叙事的时代。在这个时代，每个人都可以成为自己生活的主角，按照自身的理想和追求编排、展演各自的人生。由于个体生命的不同，其价值判断和审美追求也不同，最平凡普通的个体，因为自身的独特性，他的存在和故事就富有意义，就值得被讲述。短视频以极便捷的方式和极低的成本赋予每一个生命创作的机会，个体在创作之中努力寻找并塑造自我。正如利科所言，个人生命的自我创造具有"诗"的性质，而诗的本性在于创造，在于独一无二的个性，在于流动的节奏和意蕴（贺来，2009）。短视频中，当代青年以自身为叙事的起点，也作为认识世界和理解他人的终点，以个性化和情节化的方式书写诗意人生，进而在构建出的"文本世界"与读者的"读者世界"两者的交汇中显现叙事身份。

（一）个性化与圈层化标识寻找归属

个性化和圈层化的话语是识别一个人身份的重要特征。作为独特的个体，个人在现实生活与社交媒体中倾向于彰显自己与众不同的一面，以显示与他人的区别。作为社会的人，个体也会在群体中寻找存在。尤其在互联网空间，各种审美与兴趣得到释放，趣缘成为他们重新选择自己的圈层的重要标准。

> 人就是要有趣才可以称作人啊，谁愿意天天和无趣呆板的人在一起。（1号受访者）

当下，"有趣的灵魂"似乎成为人的一种评价指标，在生活、工作尤其是交友、婚恋场合中发挥着巨大的作用。

> 因为我是做综艺节目的，如果你不搞笑的话，你的节目可能就没人看。你肯定听到过很多奇怪的论

调，或许他们所说的观点不是多么深刻，甚至称不上正确，但是用一种荒诞或犀利的形式呈现出来，观众就是会觉得很有趣啊。（1 号受访者）

但问到关于"有趣"的具体标准，1 号受访者也无法给出确切的阐释。

有趣是一种感觉，或者是一种表达方式吧。比如日常生活中我们都很讨厌开会这种形式，要是在跟朋友聊天时，我们就会这样直白地表达出来。但如果是在进行文本创作或者自己在拍摄短视频分享感受时，就会借用鲁迅的话术风格，表达成"今天的工作只有两件事，一件是开会，另一件也是开会"，网友就会心领神会，这样既表达出了你对这种形式主义的不满，同时大家也会觉得你很有趣，不会有很强的冒犯感。（1 号受访者）

或许有危言耸听的成分，但从访谈中依旧可以看出一些青年群体对于个性与独立性的追求，"我可以平凡，但我不能平庸；我可以被称为怪异，但我绝不能选择盲从"似乎已成为他们的当代宣言。

4 号受访者是一位记者，资深的媒体人，也是一名旅行爱好者。经她手出过许多优秀的报道和大型主题活动传播策划方案。在人们的认知中，她是严肃的、雷厉风行的，但在她的短视频中，她却是温婉的、文艺的。2019 年末，她给自己放了个假，一个人去了澳门，与别人相机下繁华、时尚的澳门不同，在她的镜头里，在她的短视频中，尽是落日余晖，是匆忙但又温馨的市井生活。

在不断转换的场景中，她有一段自己内心的旁白：

你对澳门最深的印象是什么？是流光溢彩？还是纸醉金迷？对于我，都不是，而是它的街道，也只是它的街道。在义字街，在斯卡布罗集市，澳门的街道，有它独特的味道。此时，我不希望自己是个游客，而更希望自己是一名本地人，因为那样，就可以消失在大街小巷的任何一个角落，不用担心被打扰，不用担心被记起，也不用担心被遗忘。我在寻找什么呢，或许是一处街景，或许是一个真相，那个真相可能很美，也可能让我想要逃离。同事发来微信，说为什么不和大家一起热闹，我说，有些美好不要去打扰，心里感受到就好。同事回复，你和我一开始想的不一样，还是挺内向的。我说是。在一个陌生的城市，为什么要隐藏自己呢？也许是因为孤独吧，但又不想让别人发现。

她的短视频中，这样的文字随处可见，现实中，她有"铁肩担道义，妙笔著文章"的风骨，但在短视频中，展现的只是她自己的风格。

> 人都是有很多副面孔的，这个时代就是太着急给每个人贴标签，大家都太忙，太没有耐心了。我是一个记者没错，但我首先更是一个人。（4号受访者）

对于为什么选择短视频这种形式，她回答道：

> 写作本来就是我的爱好，摄影和拍视频对我来说也不难，来这里可能更想找一个释放的空间吧，一个和现实生活不一样的空间。我可以用我的文字、我的见闻和我的画面跟网友交流，如果他们喜欢这种风格，我会像现实中报道作品获奖一样开心，觉得另一个自己也得到了认可。

我们的社会是一个多元的社会，人也是一个多层次、多维度的个体。在现实生活中，我们按照社会对我们的要求和规训扮演着不同的角色，以教师、医生、军人、记者等这样的标签快速被人识别。然而，每个人的内心深处还隐藏着另一个自我。短视频为"这个自我"提供了表现的机会，让"主我"和"客我"在某个瞬间尽情碰撞、相互博弈，进而完成对自我的全面认知，建立更为准确和一致的身份认同。

此外，短视频平台还呈现社群化、圈层化的趋势，人们通过短视频平台与更多的"同类"相连，在群体中寻找身份认同，这一点在快手平台中表现得尤为明显。随着城市化与全球化的推进，许多群体在这场转型中遭遇了不同程度的认同危机。以农村乡镇青年为例，"打工潮"兴起，乡镇青年奔赴城市，希冀凭借自己的努力在城市中获得一席之地；"打工潮"退去，一些乡镇青年逐渐迷失，城市成为他们留不下的地方，但经过文明的洗礼，家乡也成为他们回不去的地方。快手平台中，我们经常会看到一些青年刻意以一些标签极力划分和界定他们的认同边界。很多农村青年上传的短视频内容的封面都会赫然加上"不嫌弃农村人的进""我就是农村人""农村人团结起来，是农村人的就看过来！"等标题，这与其说是对他人的提醒，不如说是他们内心略带脆弱的表现。

在农村青年创作的以自身和农村题材为主的短视频中，他们界定自身身份的首要方式就是简单地先对自我进行划分，"你是城市人"，而"我是农村人"。通过对这些青年所生产的众多短视频的分析，可以看出有很多内容直接以城市人为镜像来呈现，然而由于现实的各种偏差，在他们的视频中，城市人的形象往往变为某种"暴发户"或"特权"的象征。这是他们的视频被诟病"土味"的一个原因。在对于城市人"刻板印象"塑造的背后，是这些青年在价值取向上对自己差别化的定位，以及内心对城市和现代生活的隐隐的、模糊的向往与追求。

当然，这些青年群体中也不乏许多真心享受农村生活、试图传递农村新形象与新观念的人。在许多农村主题的视频内容和留言评论中，经常会看到诸如以下的声音。

虽然我们生活不易，但我们依然在起早贪黑、努力生存，为的就是给自己的小家增添一点温暖，为社会做一些力所能及的贡献。

快手中，"记录农村美食生活""农家饭菜就是香""最朴实的农村人""金窝银窝不如自己的狗窝"等话题比比皆是，这些话题代表着农村青年对于自身生活的热爱以及对自我身份的情感认同。他们将自己的情感投入短视频的内容生产，以此唤醒并吸引同伴加入，并通过不断的表演和互动来刷新他人对这一群体的认知，强化群体认同。

圈层化话语同样明显的还有"饭圈儿"和游戏圈。6号受访者是一名游戏主播，在他的直播中，充斥着"cpdd""野王求带飞"等各种"黑话"，初入游戏的人会稍显不适，他说道：

> 但熟悉了之后用这些话交流就完全没有障碍，打游戏的时候会变得省时省力，别人叫我"野王"来找我求带的时候，自己也会很开心，感觉受到了恭维。而且你这样表达的时候，大家就会觉得你是"自己人"，就会很容易接受你。（6号受访者）

短视频中，也有许多"饭圈儿"女孩用自己的话语表达对偶像的支持与喜爱，"平安喜乐，哥哥走花路"、"双厨狂喜"、"yyds"（"永远的神"的首字母缩写）、"我可以单身，但我嗑的CP必须结婚！"等都是流行于"饭圈儿"的话术。我们经常在某个偶像明星发布的短视频下的评论中看到这样的景象，一些"饭圈儿"女孩用她们独有的话语表达自己对偶像的狂热，她们的这些评论又会收到大量的点赞与评论进而自成另一番天地，带她们从个体走向群体，寻找情感与身份的归属。

（二）"情节化"整合内心

生活是平淡的，又是充满惊喜与意外的。在利科看来，人的身份认同最终需要达到在时间维度中形成具有关联性特征的和谐的地步，"情节化"是将这种和谐与非和谐进行辩证统一的创造性方式。人的一生会发生众多对个人成长有着至关重要影响的事件，随着时间的推移，这些事件渐渐隐去，散落成沙滩上一片一片孤立的贝壳，情节化则是将这些贝壳堆聚成塔，重新铸造成美丽宫殿的过程。在短视频中，人们将散落的记忆重新串联，在重新反思与编排中感悟自身，完成"非和谐的和谐"的辩证统一。需要注意的是，由于短视频具有时长短、门槛低等特性，事件无法持续地以连续性的状态呈现，更多显示其最原初的面貌，即抛出了杂乱的、非和谐状态的"贝壳"本身，拆解了某些幻象的虚假叙事，反而使得这种非和谐的事件本身也有了和谐的性质。

8号受访者是国内某著名工科学校的博士研究生，在外人看来，28 岁的她一路走来顺风顺水，2023 年将完成学业，以一名准"青椒"（青年教师的戏称）的身份走向社会。然而在半年前，她却选择了试水短视频，在抖音中开设了自己的个人账号。

> 在外人眼中，我们工科女要么就是憨厚、邋遢的形象，要么就是程序员式的不苟言笑，其实不是这样的，我们和其他的普通女孩一样，内心都有一个美丽的世界。（8 号受访者）

和戴眼镜、穿运动帽衫的形象风格不同，8 号受访者在短视频中总是化着精致但又不招摇的妆容，穿着得体而又优雅的服装。8 号受访者透露，自己的父母均是高校教师，或许是从小深受父母的熏陶和言传身教，加上钢琴十级的训练经历以及小时候一些舞蹈功底的加持，在短视频中，即使不说话，8 号受访者一出场已自带风格。当被问及为何会选择使用短视频来展示自己这一问题时，女生给出了出乎意料的答案。

> 为了叛逆吧，就像刚才说的，一是不希望大家继续再以刻板的印象看我，短视频正好提供了这样的

机会，希望大家看到时会对我有所改观与理解。我身边还有很多好朋友，她们也都在积极地过着一种很精致的生活。二是想告诉父母吧，从小我就很听话，他们让看书我就去看，让我学琴我就去学，一直按部就班，波澜不惊。但其实我内心是很叛逆的，只不过之前不想让他们伤心。现在我已经和他们沟通好了，想换一种生活吧，在这个年纪我需要好好调整释放一下。

像很多"乖乖女"一样，短视频的出现拨动了她们内心一直悬挂着的安静的琴弦，拍摄短视频成为她们"反叛"的一种途径，这是对以往生活的一次整理，也是"新生"的开始。更重要的是，此前过往的种种并没有割裂其人生，而是成为新的生活中最宝贵的财富，指引着前行的方向。

汶川地震中，一位年仅23岁的美丽姑娘廖智失去了最爱的女儿和自己的双腿。在大家都为廖智感到痛惜时，她没有选择哭泣与抱怨，而是直面困难与现实。她重新收拾了自己的心情，装上了假肢，忍受着心理和生理上巨大的疼痛，重拾了自己的舞蹈专业。在采访中，廖智曾透露，在最开始使用假肢时，走路都会很疼，更不要说去完成高难度的舞蹈动作（新华网，2023）。然而在经历一次次的刺痛后，廖智终于在 5 年后，重返舞台。在 2013 年中央电视台《舞出我人生》节目中，廖智倾情演绎不向命运低头，感动了全场观众。

此外，廖智积极参加社会救援与公益活动，雅安地震时，廖智奔赴一线甘当志愿者，用自己的爱心和行动回馈社会。如今，廖智早已走出阴霾，并且拥有幸福的家庭，在她的抖音短视频简介页面，她打趣地解释着这场意外，"因为活得太浪漫，小腿流浪到火星了"。在她日常分享与丈夫相处时的温馨画面和舞蹈视频里，网友纷纷评论："这是全网最自信、最漂亮的女孩！"廖智也会经常分享一些自己的感悟和鼓励的话语。2020 年的国际残疾人日，廖智专门录制了一条短视频，并配文说，"希望越来越多的残障人士，可以走出家门，享受每个季节的快乐"。在廖智看来，残疾人和其他人并没有什么不同，每个人都可以拥有生命中的一些小确幸。

在廖智短视频的留言中，不乏和廖智际遇相似的人，他们看到短视频里廖智那么积极乐观的笑容，都受到了鼓舞。正如廖智分享做短视频的初衷时提及的，"愿我像你的邻居般伴你同行，愿你从我的日常分享里找到前行的勇气"。通过短视频，廖智将自己的生活积极地展现在大众面前，她讲述的不仅是自己的生命故事，其中的积极内容也成为他人生命中重要的点缀，给予那些暂时处于低谷中的人新的希望。

9号受访者是某国企单位一名会计，也是在短视频中寻求慰藉、治愈自己的人。35岁的她刚刚结束自己的婚姻，"这对我来说是一件难以接受的事情，好像我此前对爱情、对婚姻的观念和信仰全部都崩塌了"。在访谈时她透露，她并没有把这件事情告诉同事，因为"不知道怎么开口，而且大家应该也都不关心吧，毕竟职场只是个谈工作的地方。再说，我自己都还没有想好怎么接受这件事情"。9号受访者说，离婚之后，她患上了严重的睡眠障碍，甚至一度神经衰弱，听不进任何东西，做什么事都没有耐心。

因为睡不着，所以我就疯狂地刷短视频，起初我看到短视频里大家都活得那么开心，那么丰富多彩，觉得上天对自己很不公平，为什么倒霉的那个人是我。但后来发现也有很多跟我一样的人，她们并没有放弃，依然在很积极地面对生活，虽然我知道那很难。

消沉两个多月之后，9号受访者决定像她们一样，再给自己一次机会，"我收拾了房间，清理了很多垃圾，整理了阳台，开始转移自己的注意力"。如今，她给自己的定位为"摔过跟头的少女、胖胖多肉的妈妈"，每天工作之余，她都会拍摄多肉成长的视频跟网友分享。

> 选择种植多肉，一是打发下时间，二也是在短视频中学到的，原来专心去做一件事的时候真的会让自己安静下来。多肉本身又是那么萌萌的、绿绿的，看着就会觉得很舒服，很治愈。（9号受访者）

虽然隔着冰冷的屏幕，但短视频承载的情感和温馨可以治愈很多人。

如何接受、面对生命中的"不和谐"事件，是每个当代青年正在努力学习的课题。短视频把众多的当代青年连接在一起，使其在彼此的生命映照中互相取暖。

> 在看短视频的时候，我偶然关注了一个在澳大利亚读书的中国留学生的短视频账号。那会儿是国外疫情严重，他每天"热气腾腾"地记录着关于他生活的一切，从起床开始，买菜、做饭、运动、跳舞，即使在很艰难的时候，在他的每一条视频里，都可以看

到他欢乐的舞姿。他的视频推介语很简单,"调整好心情,因为你随时就能出发""是可以治愈一切的蓝绿呀""把袜子翻过来,里朝外,挂起来,整个世界都是你的礼物""我们的世界,永远阳光灿烂""要努力,别着急,繁花似锦需要过程""我频繁地记录生活,因为生活值得"……这些话语简单而平凡,给了我莫大的鼓舞。我持续关注这个博主的视频,或许正如他自己所说的,频繁地记录生活,是因为生活值得。用短视频记录自己留学时期的生活,让回忆有足够的画面支撑,人生也可以从这些美好的画面中找到继续前行的力量。在这个有人乐于分享生活、有人喜欢隐藏状态的时代,一切都是可以选择和理解的。我很佩服那些通过短视频记录自己生活的人,因为我自己也有一颗想记录的心,但总是因为种种原因而没有坚持下去的毅力,让梦只是停留在了想的阶段。所以,回过头去,发现自己在短视频时代,并没有多少存在的证据。也许,我应该感谢那些愿意记录和分享自己生活的短视频博主,他们从很多方面都给了我很多启发,让我更有勇气去面对和改变一些事情。(9号受访者)

此外，短视频中多元文化和审美的出现对于某些特定群体也有一定的意义，我曾强调短视频对于身体的规训，某些形象的存在，也部分消解了不正确的身材焦虑。在消费社会审美框架下，"以瘦为美"或已成为现今审美的主流，"减肥"成为女生经常探讨的话题乃至"毕生的事业"。短视频中"萌"的形象和"萌文化"的流行对此产生一定程度的挑战，"胖嘟嘟"似乎可以成为另一种选项。加之短视频平台辅以"我这不是胖，是可爱在膨胀"等童声音效的修饰，部分女性不再将胖视为羞耻，"萌"的呈现消解了胖的"罪恶"，女性不再刻意追求以瘦为美，而是可以大方地以其本来的样子出现在公众面前。当越来越多的人可以正视"身体"这一主体时，文明也将随之更进一步（郭沛沛、杨石华，2020）。

三　想象与现实中确认身份

主体达到自我最快的途径是通过他者。通过叙事，主体将记忆和想象中的象征性符号串联，构建另一个自我（即与原初自我相对的"他者"），通过"我思"，经由"我说"，进而到达"我在"，也就是彰显了叙事身份。同时，根据利科的叙事理论，叙事身份也包含经由阅读被读者识别出的身份。利科指出，文本一旦形成，便会脱离作者的意图实现其独立的意义，也只有摆脱了作者，文本才能超越自身，构建一个连接作者和读者的"文本世界"。在这个敞开的文本世界中，没有绝对的判断标准，只有读者对文本本身的解读。利科肯定了读者的能动性，认为读者具备充分的想象力以将自己置身于"文本世界"之中，并跟随作者领略他者的生命故事。读者在他者的生命故事面前重新认识自我，理解自我，在阅读后重新确定自我。甚至读者会将在"文本世界"中获得的认同带入行动的可能性世界。

（一）身份再生产：社交想象增进身份认同

社交需求是人类的本能需求之一，对于个体的社会化与身份认同的形成具有至关重要的作用。当今多元的社会虽然给青年群体以众多的选择，但快节奏、高压力的社会生活仍让许多青年稍显无所适从。短视频将人们带入另一个空间，人们像阅读武侠小说、文学作品一样跟随短视频中的人物感知生活、畅游天下。此外，短视频平台还设置了便捷、快速的实时反馈渠道，用户可以在边观看视频的同时边留言评论，实时表达对短视频中的内容以及作者本身的观感和看法。这种互动方式让用户与作者之间迅速拉近距离，以"半虚拟"式的社交陪伴满足各自的情感需求。更重要地是在此过程中，作者通过与"读者"的每一次互动，即作者通过接收到的关于自身印象的反馈，判断是否需要强化或修正当下的形象。因此，用户的每一次评论，无论是正面的还是负面的，都不再仅仅是一种对于作品的评价，而是作为作者身份生产的原材料，一起被注入作者下一次的创作中，在滚雪球式的循环中，"读者"和作者完成某种身份认同的"共谋"。

在访谈中，几乎每位受访者都提及了反馈（体现在播放量、点赞量、评论量的数据中）对于他们的影响。

我相信所有短视频生产者都是抱着希望被更多人看到这一想法吧，他们展示某一方面才艺或者某种想法，就是希望获取更多人的认同。比如我自己，我每一条评论都会看，哪怕是一个点赞，都会觉得之前的付出是值得的，会有再继续坚持下去的想法。（2号受访者）

点赞多、评论多，当然会很开心，说明大家喜欢我或者这一类型的短视频，之后在创作的时候就会更加卖力地向这方面靠近。如果点赞和评论不多的话当然会失落，但是更会静下心来分析原因，希望下次做得更好。（3号、5号、8号受访者）

当然，其并不否认对于流量的追求。

媒体这一行不就是一直在追求订阅量、收视率这些东西嘛，内容优秀是一方面，数据也要"抗打"。只是互联网时代大家开始追求互动量，尤其现在短视频还引入了电商，你的数据好不好看直接关系到你的变现能力。（1号受访者）

无论出于哪种考量，希望获得他人的关注与认可是人们在短视频中进行表演的主要心理动机。短视频经过爆发式增长后，用户的评论和反馈已成为短视频生产的最佳灵感来源和素材，换句话说，用户的喜好也在相当程度上影响着作者的内容创作方向。

因为我是做明星类、影视剧类的二创剪辑，如果某个明星或是影视剧一直处于高热度，我就会多剪几个（视频）。B站有些用户喜欢"嗑CP"，我就试着剪了几个"CP"方向的短视频，结果果然赢得了他们的好感，在弹幕中竟然有很多人认为我是个"嗑学家"，哈哈。（1 号受访者）

但是对于自己创作的初衷，1 号受访者也还是有自己的坚持：

> 当然，我选择的明星首先要是自己喜欢的，剪辑本身需要花费很大的精力，不是真心喜欢很难坚持。即便当期选择的人物没有那么喜欢，也一定是他们的某个点打动了我。当冒出要剪辑某个视频的想法时，我还会再主动收集一些资料，尤其会观看他的粉丝创作的相关短视频，然后更深地去挖掘这个明星的特点和话题。也只有真正以粉丝的视角和心态去创作的时候，才能和他们共情，真正的粉丝也才能觉察到你在剪辑中暗含的小心思。

短视频平台中，还有一种奇特的现象或内容类型叫做"陪伴"。这样的视频中，主角们各自忙于自己的活动，或直播看书学习或直播吃饭。视频中没有对白，甚至没有第二个变动的场景，然而每场直播仍会吸引少则几万多则几百万用户参与。用户还会在留言区互相留言交流，或与主题相关，或与主题无关，但每个留言都会引起其他观众的回应，人们彼此相互打气，相互鼓励。

无论是刻意地制造话题，还是单纯的无声陪伴，短视频创造了一个社交想象的空间，人们现实生活中无法满足的社交与情感需求于此得到反映，加之平台的精准分发技术，人们能够快速地在这个更广泛的空间中找到与自己相似或自己喜欢的个体，结识到志趣相投、灵魂相契的"同类"，在彼此的陪伴和交往中共同建立身份认同。

（二）跟随与模仿：他者生活照进主体行动领域

利科认为，读者的阅读行为并不仅仅停留在想象层面，在阅读文本的过程中，读者将自身认同的存在方式与生活方式指出，并将其积极地带入现实世界。王宁（2001）认为，"消费可以成为人们表达自我认同和社会认同的符号工具之一……在消费过程中，人们借助于种种可感触的商品符号来表达、体现和传播自己的认同……个体的认同在一定意义上乃是消费者'创造'出来的'作品'"。

当下消费主义盛行，短视频中也构建出一部分光怪陆离、灯红酒绿的"他者生活"的消费场景，并以极其显赫的符号光芒照进人们的现实活动领域。近年来，伴随短视频崛起的还有平台中各垂直领域的"达人"们，虽然他们的表达方式和普通用户记录生活、表达情感的短视频有许多相似之处，但作为新消费形式与生活观念的倡导者，"达人"们在各自领域的号召力巨大，并且有强大的吸粉与带货能力。他们高频次地生产各种视频，使用户极为强烈地在心中形成对另一种生活的想象，这种影响最终转化为用户的跟随与模仿行为，在主体的行动领域留下印记。

在访谈中，多数受访者表达了对某些短视频博主的喜爱，并有过一次至多次的"同款""打卡"和消费行为。

> 我有一个喜欢的短视频博主，她也是一名大学生。但她真的和我们不同，我们的生活都快无聊"死"了，她却把她的生活过得丰富多彩。在她的短视频中，她会经常给我们分享一些她们班级的趣事、自己组织或参加的校外活动，如假期支教、旅行一类的。就觉得她的生活很积极，每天都能量满满的。她平时也会分享一些穿搭的小技巧，推荐一些平价化妆品之类的，我有两只口红就是在她的短视频中买的。
>
> （7号受访者）

　　我平时喜欢关注一些美食类的短视频，现在有好多美食探店和评测类的短视频，好像一个视频版的"大众点评"。短视频催生了一种"打卡经济"，用户已经不在乎这些店原本的评判标准，比如一家餐厅的饭是不是好吃、一家咖啡店的咖啡是不是好喝，只要这些店成为"网红"餐厅，大家就会蜂拥而至，完成"打卡"行为……自己虽然没有刻意去"打卡"拍照，但是在选择地点的时候也还是会参考短视频中的美食推荐信息和餐厅的人气。（6号受访者）

　　对于选择关注与跟随某位博主的原因，多数人都提到了"他们让我看到了另一种生活的可能""希望自己也可以成为他/她"等相似原因。

　　我们都厌烦过朝九晚五、按部就班的生活，但都没有辞职离开的勇气。我在短视频中看到一个女孩，她和我差不多大，之前还是一家知名互联网公司的策划专员，她说她想换一种生活，然后就直接裸辞，开始专门做短视频的内容创业，现在已经开始着手成立自己的服装公司了。我有很多衣服都是在她那里买的，一来是款式比较舒适，价格便宜，二来也算是一

种支持吧。希望有一天我也可以像她一样勇敢。（10号受访者）

"减肥是每个女人终身的事业。"这是一句网络上的调侃，也是多数女生内心真实的写照，在这个以瘦为美的年代，减肥虽然有刻意迎合的嫌疑，但是对于一些女生来说，仍有着特别的意义。

我在短视频里看到一位很酷很有个性的女生，2022年10月偶然看到她分享自己减肥瘦身成功后的一段视频，觉得这个女生真的很酷！有多酷呢？她27岁，通过开店已经实现了财务自由，但曾经她是一个脾气暴躁、浑身是刺儿、经常与人对骂的东北女生。在经历过职场和情感的坎坷后，励志减肥。2020年4月，她把自己减肥4个月从120斤瘦到95斤的经历拍成了短视频发在网上，她说减肥变美之后，似乎周围的一切都变美好了。她说她现在已经学会了管理自己的情绪，不经常跟人吵架了，人变得温柔了，整个人不那么愤世嫉俗了，而是所见皆是美好。更庆幸的是，在自己慢慢变好的同时，她遇到一个特别好的男生，事业也"噌噌上涨"，她说以后估计就没有自己"拿不下"的事儿，自信心随之"爆棚"。

我用了几个小时刷完了她所有的视频，我喜欢这个姑娘的性格与对待生活的态度。她曾经发过一段视频，记录了悄悄开车去山东见男朋友的过程，也是因为这段视频，她的短视频"火"了。她的视频大都是在自己的车里录的，非常随意但内容质量很高，听着有点"鸡汤"，但其实传达的是对生活的态度。她说减肥后生活开始好起来，但其实好起来的不是生活，而是她自己。她传递的不是减肥的方法，更不是经营情感的方法，而是让自己变得更好的态度。我看完她的视频后，也下定决心开始减肥、让自己保持自律并控制情绪，现在已稍有成效。其实她的视频之所以火，之所以那么快"涨粉"，最主要的不是减肥成功，粉丝也不是来她的视频里找减肥秘笈的，而是她击中了大部分都市青年的内心，代表了一部分独立女性的生活态度和情感态度。实际上于她本人而言，减肥不是追求体重秤上的数字变化，而是那种你做了别人做不到的事儿的成就感和自信感。对粉丝来讲，喜爱她并不是单纯地对于身材的追求，而是那种在一个和自己差不多的普通女孩的蜕变历程中，看到改变的可能性与美好。（4号受访者）

　　日常化的呈现方式使短视频在一定程度上削减了偶像崇拜的"神性"，给人一种更为积极的暗示——"只要我努力，我也可以成为他 / 她"，"只要我买了这支口红，我就可以像他 / 她一样获得关注"。这是"他者生活"在现实中的投射，也是个体内心中理想自我的化身。

第四章

叙事身份与"我"之嬗变

我有必要强调,"普通"不是"低等"。有一种生活,叫作无忧无惧。

叙事身份在何种程度上真实,又在何种程度上进入现实生活,这是最难以论证的事情。但从现有的经验观察来看,带有梦幻(魔幻)主义色彩的一些"可能"依然搭乘着短视频的东风,照进了现实。

社会地位(短视频中体现为粉丝量、商业价值等)与身份直接相关,亦是身份的一种外显形式。当代青年在短视频平台中的身体表演与创造性叙事是其自我呈现、寻求身份认同的过程,同时也是其完成社会资本积累、重构社会关系的过程。某种程度上讲,媒介的实践体现着一种权力分配关系,媒介资源的占有模式决定了社会生活的主要叙事框架与信息消费方式。

短视频以低门槛、易操作的特性将公众参与传播的权利最大限度地下放至每一个个体，让每个人都有"被看见"的可能。多项研究表明，如微博、微信、Facebook等社交媒体的使用与个体增进身份认同、拓展社会资本呈显著的正相关关系。短视频以视觉化的呈现方式将个人的社交气质与生活想象进一步放大，通过独特的叙事强化某种身份认同，在与他人的互动和社会网络的连接中逐步实现社会资本的积累和社会阶层的跃迁。这是时代进步、技术赋权给予每个个体的机会，也是个体作为智慧生命发挥能动性的结果。

因此，本章重回现实，探讨当代青年通过短视频展演获取的叙事身份在现实生活中的投射和对于现实生活的影响。经分析，这种投射和影响主要表现为通过社会资本积累而形成的身份凸显，以及因青年社会心理的转变造成的对于媒体叙事风格的变迁。

一 身份凸显：注意力稀缺时代积累社会资本

毋庸置疑，我们生活在一个注意力稀缺的时代，谁获取了注意力，谁就在一定程度上掌握了稀缺资源。法国社会学家 Bourdieu（布尔迪厄，1986）提出社会资本的概念，认为社会资本是个人可获得的现实或可能的资源总和。这些资源不一定是有形的，但发挥着与物质资本相同甚至超越物质资本的作用。Putnam（普特南，2000）进一步将社会资本划分为两类："联结型社会资本"和"桥接型社会资本"。"联结型社会资本"指向自身的同质群体，以亲友、家人为主，因此显现出强关系特征；"桥接型社会资本"则是与外部不同圈层和群体建立联系的能力，代表着弱关系。在论及个人的社会化和社会资本的维系与拓展时，"桥接型社会资本"因包含更多异质的外部资源和信息，因此更容易产生社会交往和社会资源的互换。

随着互联网技术的发展，Williams（2006）将以计算机为媒介构建的用于巩固用户之间联结型强关系和提升桥接型弱关系的资本称为网络社会资本。社交媒体进一步打破了虚拟与现实之间的界限，当下，一个人的网络社会资本与现实社会资本难以有明晰的区分，二者更多的是相互转化、螺旋式进行。

美国社会学家布劳与邓肯在《美国的职业结构》一书中提出"先赋"与"自致"两种社会资本的分析路径。其中，"先赋"指的是个体的阶级出身或家庭背景等因素，"自致"则主要指个体"后天的努力"。换言之,"先赋"通常来源于某种他者的"赋予",而"自致"则是个体可以自行进行把握的。每个人都无法选择自己的出身,但短视频给予了个体重新塑造新身份的可能,其中最大的变量就是注意力。

短视频中,个体通过对自我生命故事的展演,以独特的气质成为"异质的他者",吸引志趣相投的人们关注,进而在进一步的互动中完成物质与情感的交换——这是获取社会资本极为重要的一种方式。通过持续的展演与互动,个体的社会资本不断累积,最后形成稳固的可利用资源,并被投入现实生活。通过这一过程,个体也就实现了对新身份的获取与社会阶层跃迁。

需要注意的是,个体的新身份虽然是通过"自致"获取的,但新身份的彰显却又往往离不开"先赋"的作用。例如,微博、抖音等平台均设置了相应的机制,当用户的粉丝量或某种社会声望达到一定程度时,平台就会赋予其"加V"等特权,如"加V""优质短视频内容创作者"等标签即是平台赋予个体的一种身份加持,以使其区别于普通用户。由此,体现公平性的"自致"与体现权力制度的"先赋"便统一于个体的身份认同之中。

（一）异质性他者迅速跻身"顶流"

媒介构建了一种超现实的"幻象"，当代青年在叙述自己生命故事"剧本"的同时，也充当了展演他人心中"诗和远方"的道具。"回不去的乡愁"是许多人内心深处潜藏的伤痛，"日出而作日入而息"的恬淡生活对于匆忙城市中的人们显得遥不可及。因此，2015 年，当一个红衣古装少女骑着毛驴采摘野菜的画面出现在公众视野中时，立即在网络上引起了轰动，唤起了人们对于田园和乡土的最深刻记忆。

> 我小时候经常跟着爷爷去种地，那个时候也不知道什么是穷和苦。还记得每年夏天爷爷就带我去摘黄瓜，我边摘边吃，结果没帮上什么忙，还把好多新摘的黄瓜给弄断了（笑）……我觉得这也可能是李子柒能唤起大家心理共鸣的地方吧，每次看她自己去耕种，还有她跟奶奶的相处日常，就会想起自己小时候的时光……即使有摆拍的嫌疑吧，但从给了我们一个可以怀念故土的角度上，我们也是愿意接受的，毕竟回不去的就真的回不去了……（2 号受访者）

无独有偶，丁真的走红更富有戏剧性。2020年11月11日，摄影师胡波无意中用一条7秒的短视频将四川省甘孜州理塘县的普通少年丁真送上"顶流"。仅从画面呈现的角度，那条7秒的短视频，与其说是拍摄，更像是偶然间拿起手机，打开录制功能的一种巧合，视频中的男孩脸上带着笑意，蓦然出现在画面中。由于丁真特殊的气质，该视频播出短短2小时后，播放量就达到1000万次，丁真也凭借其天然的"野生"美感收获无数粉丝，成为当月爆红的"现象级"人物。

笔者在研究中获得谷尼国际软件（北京）有限公司的技术支持，对2020年11月11~30日全网有关丁真的话题信息（主要包含媒体相关报道素材、微博网友评论等）进行数据收集，对丁真的媒介形象与网友的情感属性进行分析，旨在探究丁真走红过程中媒体和网友发挥的作用，以及对于丁真这一形象的认同程度。

2020年11月11~30日，共监测到与丁真相关的话题信息达200多万条，且呈波动上升态势，分别于2020年11月14日、25日、28日达到三个峰值。根据检测记录，自摄影师上传丁真的视频后的11月14日，网上关于丁真的关注度出现第一波小高峰。这一方面是由于丁真"空降"之后，网友对丁真的讨论热度持续上升；另一方面，在11

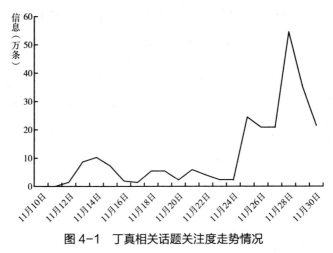

图 4-1　丁真相关话题关注度走势情况

月 14 日当天，四川广播电视台旗下的新媒体账号"四川观察"在其抖音平台上发布了对丁真的采访短视频，就网友关注的热点话题进行提问，这引起了网友的进一步关注，助推话题热度不断高涨。

2020 年 11 月 25 日，微型纪录片《丁真的世界》正式上线，形成关注度的第二波高峰。该部短片以丁真的视角，将甘孜的风土地貌、人情百态拍出了另一种风情，短视频一经上线，再次刷爆网络。同时，四川文旅、甘孜文旅等政务官方微博借此开展文旅推介活动，推出有史以来力度最大的甘孜旅游优惠政策，此后成都文旅、文旅乐山、绵阳旅游等官方微博纷纷转发回应，联动推广，网民的讨论热度居高不下。

2020 年 11 月 28 日,"抢人大战"将与丁真相关的话题关注度推至另一个峰值。丁真爆红之后,多地文旅官博纷纷向丁真抛出橄榄枝,邀请其去当地做客,这不仅吸引了众多网民前来"围观""吃瓜",同时还获得了如人民日报、新华社等主流媒体的关注,推动"丁真"相关的话题关注度与讨论度上升。

经过联动传播、融合"玩梗儿"之后,丁真也真正实现了"出圈儿",走向大众视野。技术后台根据关键词及内容倾向性分析,大致勾勒出丁真的媒体形象(见图 4-2)。

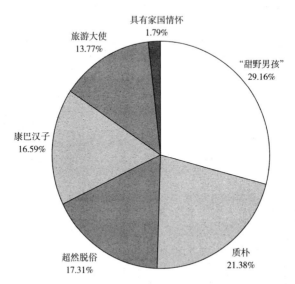

图 4-2　丁真的媒体形象

在对丁真的形象描写中，有几条话语引起了人们的强烈共鸣："丁真是'甜野男孩'，那是自然而然的'甜'，而不是腻甜，不是齁甜；那是恰到好处的'野'，而不是野蛮、不是撒野。""丁真身上，有一种雪域高原特有的野性与质朴的气质，丁真的脸上，折射着白云、蓝天、湖泊、草原的光泽……"

同丁真一道走红的，还有他的小马"珍珠"，每当丁真提到自己的小马时，就会露出无比欣慰的笑，好像从他的脸上就能感受到辽阔的天空与驰骋在草原上的自由。这一点也赢得了网友的点赞，"这就是淳朴的康巴汉子……他说他爱骑马，他想做赛马王子，他说他知道外面的世界很大，可他只想留在家乡，只想就这样待在自己的世界里"。

虽然有少数不同声音存在，但就网民整体观感而言，多数人表现出正面的倾向与赞赏的态度（见图4-3、图4-4）。68.68%的网友评价为正面，对丁真的相关行为表示"赞赏"和"喜悦"的占比合计达70%以上。在网友相关评价中，除了对丁真形象的肯定，网友也为其对家乡的贡献点赞，这也是网友对丁真表示支持的主要原因。

伴随丁真的走红，其家乡理塘也出现在人们的讨论中。与走红后趁势选择做"网红"不同，丁真与理塘微型

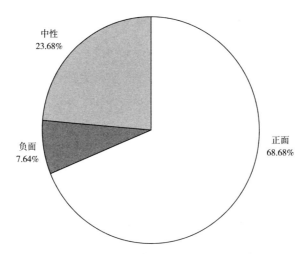

图 4-3　网友对丁真的情感属性分析

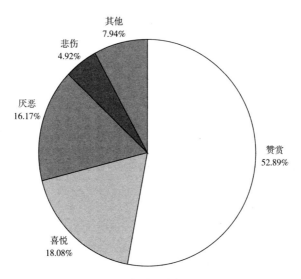

图 4-4　网友对丁真的情绪分析

博物馆签订了劳动合同，正式入驻一家国企，成为理塘旅游大使，并凭借自己的热度成功让家乡被人们熟知。相关数据显示，在丁真走红的过程中，其家乡的搜索指数增长了620%（唐裕雯，2020），越来越多的人了解到理塘原生态的风貌、藏族人的生活。

要不是因为丁真的爆红，我们都不知道我们国家竟然还有这样令人心旷神怡的地方。其实我们特别喜欢这样的地方，但可能因为自己信息渠道和认知不足，很多信息就被埋没了。这次丁真走红，理塘也算是真正受益了。（3号受访者）

两名受访者表达了相同的观感。

对于丁真的第一印象，就是阳光健康，很真实又很淳朴的感觉，和很多使用过度美颜和滤镜的网红都不一样。大家都喜欢美好的事物。万幸的是这样"一夜爆火"的丁真，没有被资本进行娱乐消费，而是入职了国企，为家乡旅游业代言。通过他，大家对少数民族、对当地文化有了更多了解和关注。网红遍地的时代，丁真爆火的后续发展，其实挺正能量的。从这个角度来说，丁真其实比很多网红更幸运一些。爆红只是一时新鲜，观众很快又会将注意力转移到其他网红身上。丁真现在的职业规划也很好，以后就算是普通小职员，那也是为家乡建设奉献过的一分子。对于网红树立正确的引导，丁真是个很好的例子。（10号受访者）

与以往任何时候相比，我都觉得我们处于最好的时代，不是说物质条件多么丰富，而是这个时代给予了我们一种可能，一种对于未来生活和个人价值实现的无限可能。在工作中，我见到过很多年轻的男孩、女孩，他们都非常认真努力。我觉得这个社会有一个很不好的倾向就是夸大了人情，渲染了一种基于关系、人脉、资源等的浮躁风气，抹杀了个人努力的价值。这对于年轻人来说很不好，会让他们感到非常受挫，好像一出生命运就被决定。我记得之前网上还有过一次关于"寒门是否还能出贵子"的争论，我不能说个体的出身不重要，但在现在这样一个充满机会的时代，它已经不必然构成人们是否可以获得成功或实现个人追求的首要条件，至少不是唯一条件。（5号受访者）

还要说明的是，异质并不等同于刻意追求哗众取宠或博人眼球。短视频中，我们经常看到一些内容创作者为了吸引用户而采取各种手段，包括过分强调性感或肉体吸引力，以致出现道德失范的问题。诚然，姣好的面容等是短视频的"吸睛"利器，但同时也传递出对于"颜值崇尚"的肤浅追求信号。更需警醒的是，福柯认为，身体的快感并不应仅被局限于简单的"刺激—反应"范畴内，而应该从权力的视角进行审视。当人们在积极进行展演时，他们幻想自己是舞台之上的主角，殊不知其已在各种审视之下。短视频的视听的信息传递方式让人们能够以最直接的方式感受身体快感，但"被凝视"也将身体置于看不见的"圆形监狱"，话语方式仍限于特定的权力规范中。

（二）新一代电商挑战阶层跃迁

历经几年的发展，短视频用户日趋稳固，短视频行业趋向成熟，各大平台纷纷开启商业变现模式，完成从内容到消费，从流量积累向流量变现的转变。2016 年上半年，聚美、淘宝、蘑菇街等平台率先开通线上直播功能。所谓电商直播，即商家通过视频直播的形式对商品进行展示，以更直观的体验帮助用户了解他们想要购买的商品。2019 年，直播电商成交总额约为 3900 亿元，同比增长 114%（前瞻产业研究院，2020）。直播电商的迅速崛起，一是得益于平台对这种新业务和新赛场的重视，持续注入多种资源予以扶持，二是得益于用户的网购习惯，直播电商产业链形成闭环。艾媒咨询数据显示，2020 年我国电商直播市场规模达 9610 亿元（环球网，2021），淘宝的直播电商成交额超过 4000 亿元，2020 年"双十一"当天，近 3 亿用户观看淘宝直播，直播电商成交总额同比翻一番。

各大平台的电商大战促进了直播带货的发展，明星和"网红"纷纷下场参与，抢占红利。相较于明星、意见领袖，短视频与直播中的主播除具专业性的特征之外，往往因自身与观众同为素人而更具亲和力。他们一方面利用自身的信誉和口碑对产品进行推销，另一方面又不会超越产品价值，造成喧宾夺主的尴尬情况。因此，随着一些主播的走红，"电商主播"这一行业得到快速发展，也催生人们对他们的职业身份的认同。

也不知道他们有什么魔力，往往自己还没有察觉，两个多小时就过去了。我觉得相比于明星来直播间的"玩票"，短视频和直播中的主播身上具有更多的真诚，这当然也与"主播"本身就是他们的职业有关……开始接触直播网购也是同学推荐，但看了几次发现还挺好玩儿的，一是因为他们头部主播有一定的议价权，直播间的东西确实会比其他商家更便宜一些；二是久而久之就有了一种莫名的亲切感，觉得他们好像是自己的好朋友一样。所以空闲的时候，即使没有那么强的购物需求，也会去直播间看看他们，像平时去朋友家"串门儿"一样，变成一种日常的陪伴。（7号受访者）

陌陌 2020 年发布的《2019 主播职业报告》显示，移动直播用户呈现明显的年轻化、黏性强与付费习惯成熟三大特征。在对近万名移动网络用户进行采访之后，数据显示 33.6% 的"95 后"每天观看直播的时间超过 2 小时，近 8 成的用户表示愿意为直播付费。《2019 主播职业报告》还指明一个重要的趋势，即主播的年龄也呈现年轻化的显著特点。在受访者中，84.5% 的"95 后"把主播视为一种正式职业，在"85 后""90 后"中，也有超过 8 成的人持有相同看法。

我大学期间迷上了化妆，但当时父母很不理解，认为是不务正业。虽然毕业之后我还是坚持选择了自己喜欢的方向，但其中的艰辛也只有我自己知道。我觉得直播带货的盛行还有电商主播受到关注这件事，改变了很多人对以往一些专业和职业的看法，人们不再像看待以前电视购物广告一样看待他们，而是对他们给予了更多的了解和认可。虽然有些人会认为追求美是一种肤浅，但每个女孩的心中不都有一个"公主梦"嘛……现在我父母反而很支持我了，前年我已经开了自己的工作室，也签了许多年轻的化妆师，她们都很努力，而且我也会经常鼓励她们去做直播，一是可以拓展自己的专业领域，二也可以服务更多的人。（10号受访者）

2020年7月，电商主播被国家正式认证为一种职业，命名为"直播销售员"，某些主播因其优秀的表现获得诸多奖励，并频频在各大综艺、公益活动等场合现身。或许他们曾受争议，但社会的进步除了体现在对个人努力的奖赏，还包含着对新生事物的包容以及对新趋势的把握，当代青年正是这些新趋势和新方向的试错者与开拓者。

二 叙事转变：青年心理主导接受美学

传播学中，对于受众的关注与研究由来已久。尽管经验学派的研究更多是站在传播者的立场来考虑，但从其经历的"魔弹论—有限效果论—强效果论"这一历程中，依然可以看出对受众认知的变化。批判学派中，法兰克福学派虽然对受众持相对悲观的观点，但主要是对"文化工业"的模式对受众可能造成的智力和精神的消退而表示担忧。文化研究学派的学者对受众的观念的理解相对更清楚，他们并未否认工业社会造成受众产生异化的可能，但同时对于受众的能动性抱以乐观的期待。

霍尔（2000）将受众的信息解码方式分为三种：主导—霸权模式、协调（妥协）模式和对抗模式。也就是说，受众并不会完全按照作者希望的受众接受与理解的方式来对文本进行解读，这与利科提出的文本的独立性与读者的阅读行为的相关看法相吻合。约翰·费斯克（2001）指出，大众文化是由大众而不是文化工业促成的，并认为被支配者可以从体制所提供的资源和商品中，创造出自己的文化，而这正是大众文化的关键。现今，"能动的受众"这一认知已成为普遍共识，移动传播语境下"用户"这一概念的使用则体现了对"受众"这一群体在身份和重要性上的认知转变。

（一）主流媒体叙事话语被倒逼革新

当前，对于"草根"是否能够成为创作主流，已无须过多辩论。虽然存在某种程度上的"野蛮"倾向，但以注意力为评判标准的背后是用户接受心理的变化。在这场主流媒体深度融合的变革中，当代青年以其特有的彰显自我的方式，倒逼主流媒体革新叙事话语。

云南怒江是珠海对口帮扶的对象，在那里，有一群热爱足球的孩子。但由于条件和人力的限制，长期以来，他们只能将梦想深藏心底。直到有一天，一名专业的足球教练从珠海前来，带领这群孩子展开了一段"逐梦"之旅。这是《人民日报》在 2020 年 7 月 17 日通过短视频向公众讲述的一个小故事，视频只有 1 分 50 秒，展现了众多扎根扶贫一线的青年缩影。该视频发布后感动了无数观众，《人民日报》客户端、人民网微博、《人民日报》体育版、腾讯视频、搜狗搜索等各大平台纷纷转载推荐，点击量超过200 万人次，《人民日报》2020 年 7 月 28 日体育版专门刊登此短视频二维码。

　　2020 年是全面建成小康社会目标实现之年，是全面打赢脱贫攻坚战收官之年。如何讲述好脱贫故事是主流媒体的重要课题。人民日报社做出了良好的示范，以小视角切入，以小窗口展示，告诉公众正是因为每一个角落的每一份努力，每一个人的每一份付出，脱贫攻坚才汇聚了巨大能量。在此次重大主题报道面前，《人民日报》将镜头聚焦于鲜活的个体，这正是对于当下青年群体接受心理的把握的体现，也是短视频叙事的根基所在。

图 4-5　《人民日报》体育版对"快乐足球"予以报道
并刊登视频二维码

"四川观察"凭借极具个人特色的风格以及对于当下移动互联传播规律的深刻理解,一举成名,迅速走红。2019年7月8日,"四川观察"发布首条视频,至2023年6月已累计发布2.3万条作品,收获4710.5万粉丝以及36.9亿点赞。

作为一个带有地名标识的账号,初次接触该账号的人会将其视为四川地方媒体,认为其重点报道四川本地新闻。然而事实上,"四川观察"发布的内容涵盖全国乃至全球的热点问题,甚至还有了"除了四川,啥都观察"的网络流行语。

除了24小时不间断更新短视频,"四川观察"同时还进行24小时不间断的"慢直播"。直播内容仅是成都地区实时景象,只有背景音乐,没有互动与解说,但每天都能吸引千万人观看。用户在视频的留言区留言,或是分享今日见闻,或是"吐槽"近期遭遇。在这个共享的直播间中,没有议题,没有争辩,只有无声的陪伴与心灵的慰藉。由于其"劳模"般的更新速度,"四川观察"也成为众多网友"玩梗"素材,在其发布的视频下经常有网友留言进行"花式催更",如"你已经两分钟没有更新视频了""几分钟了,该观察观察了""又该更新了,还想不想要一亿粉丝了"……

以往的认知中，人们普遍认为主流媒体或专业人士应该展示一种严肃、庄重的形象，不苟言笑。然而，以《人民日报》和"四川观察"为代表的主流媒体以积极主动的姿态适应移动互联时代的传播规律，以多元的形象重新与关注者建立联系。这是主流媒体通过修正叙事范式和建立新的运作常规对新媒体带来的挑战和冲击予以的回应，也是对青年接受心理在精准洞察基础上做出的策略升级。

（二）特色化叙事深受青睐

在短视频平台上，一些人选择以叙述自己的人生故事为主题，而另一些人则选择叙述他人的人生经历。随着短视频行业的不断发展和人们审美情趣的提高，短视频正逐渐向着优质化和专业化的方向迈进。许多短视频内容生产机构和头部内容创作者应运而生。这并没有消减短视频原生态叙事的魅力，通过对他人生命故事的深入挖掘与创作，文本被赋予新的意义。这种独具特色的叙事方式以及内容创作工作也深受青年青睐，青年纷纷投身其中。

我之所以选择成为一名自由职业者，就是为了有一天能够拍摄属于自己的短视频作品。我小时候的梦想是成为一名作家，我很好奇别人的生活是什么样子的，以前只有名人或者取得特殊成就的人才配将人生经历写成传记或拍成影视作品，但这丧失了太多关于人间和生活的丰富性和多元性，真实的情况要远比我们想象的有意思多了……我现在正在学习一些有关影视拍摄和剪辑的技能，虽然我觉得人的生命故事不能丧失它原有的色彩，但我也希望通过自己的努力，可以把别人的故事讲得更深入、更体面，这也是我对他们生命本身的尊重和敬畏。（7号受访者）

4号受访者对于当下纪实类短视频的创作表示赞许。

虽然我们说短视频降低了内容创作的门槛，理论上来看似乎只要你会使用手机就可以拍摄短视频。然而，在我过去几年的采访中，我注意到仍然存在很多人不具备这些条件的情况，特别是老年人和居住在偏远贫困地区的人。许多老年人不熟悉智能手机的使用，有些人甚至无法承担购买智能手机的费用。纪实类短视频内容创作者的出现正好解决了这些难题。通过他们的镜头，更多人了解到这些人的处境，同时也

集结更多资源来解决他们所面临的问题。这对于个人和社会来说，都是非常有益且重要的。（4 号受访者）

主持人的风格是视频节目的灵魂元素，也是当下青年评判标准的重要因素。2019 年 11 月，央视主持人康辉推出随同国家领导人对希腊、巴西进行国事访问前后一系列"vlog"。对于许多新闻传播学子而言，央视是一个神圣的存在。从国家大事到百姓民生，央视的身影几乎出现在关乎国家命运和百姓生活的任何一处地方，也正因如此，央视在人们心中往往具有庄重威严的形象。作为《新闻联播》的主持人，康辉经常以严肃和一丝不苟的形象示人，但随着短视频和"vlog"叙事风格的兴起，日常生活状态中的康辉出现在大家面前，网友们纷纷表达了他们对这一活泼形象的惊讶和认可。

央视还将备受网友喜爱的全能主持人撒贝宁、以"段子"著称的朱广权、阳光活泼的尼格买提与康辉一起组成"央视 Boys"。这四位主持人凭借出色的业务能力和各具特色的日常形象被网友誉为"国民天团""出道即巅峰"。笔者收集了 2020 年 4 月 15 日至 9 月 30 日全网关于"央视 Boys"的 10 万余条话题信息，对网友的情感属性进行分析，以此来考察网友对"央视 Boys"的接受程度和认可程度。

2019 年末，"央视 Boys"的称号逐渐出现在媒体的相关报道中，2020 年，"央视 Boys"似乎已经成为网友默认的组合，即以康辉、撒贝宁、朱广权、尼格买提四人组成的主持人"国民天团"。根据监测，2020 年 4 月 15 日至 9 月 30 日，网友对他们的关注度分别在 5 月 3 日、6 月 6 日、9 月 1 日达到三个峰值（见图 4-6）。

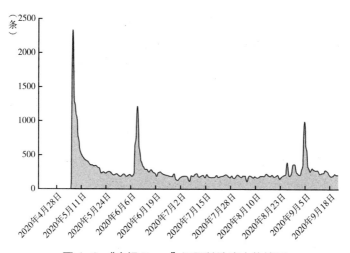

图 4-6 "央视 Boys"话题关注度走势情况

2020 年 5 月 1 日，"央视 Boys"举行了央视官方的首次直播带货活动，这对网民来说是一种新颖且具有观赏价值的体验。随后，相关新闻报道尤其是关于"央视'Boys'直播带货 3 小时卖 5 亿元"的话题在全网疯传，网友对其关注度不断提升，于5月3日达到峰值。6月6日，"央视Boys"以"新消费·爱生活"为主题再次进行直播，掀起了另一波舆论高潮。虽然从数据上看，这次直播的话题热度远不及首次直播，但对于网友来说，这种形式仍然是新奇且备受欢迎的。9月1日，"央视Boys"再度主持《开学第一课》，央视新闻、央广网等主流媒体联合报道，"央视Boys"再次成为各大网络媒体的头条新闻。

随着央视大力发展短视频、进军直播领域，"央视Boys"的形象逐渐发生转变，网友对他们的认知越来越丰富，其形象也越发立体。或许对国家级媒体进行直播带货这一现象网友还没有完全消化，在数据收集期间几次话题关注度的峰值数据都出现在"央视Boys"直播带货的时候，有35.17%的媒体的相关报道给予"央视Boys""最强带货天团"的称号，这也是对其"直播带货3小时卖5亿元"的带货能力的最大肯定。

专业主持人形象是"央视Boys"的基础。以往媒体对主持人形象的塑造主要集中于他们在电视屏幕上的专业形象，很少报道他们的私人生活和其他话题，然而有24.65%的信息提及了"央视Boys"的"颜值担当"，特别是他们年轻时照片一经曝光，便引发网友的热议，许多网友表示，"'央视Boys'在颜值上从未掉队""简直就是主流媒体的颜值担当";还有 20.96% 的信息侧重"央视 Boys"是"全能型男孩",具备多才多艺的能力,无论是直播带货、节目主持,还是唱歌跳舞、诗词朗诵,"央视 Boys"都能信手拈来,游刃有余。此外,由于"央视 Boys"越来越多地展示出活泼可爱的一面,19.22% 的信息显示观众认为他们"幽默风趣",这也是他们受到网友喜爱的主要原因之一(见图 4-7)。

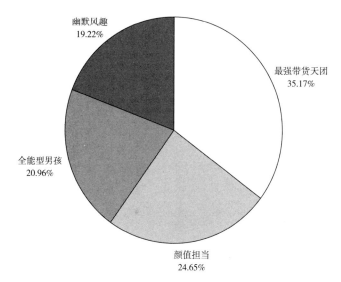

图 4-7 "央视 Boys"的媒体形象分析

网友对"央视 Boys"的情感属性分析和情绪分析见图 4-8、图 4-9。

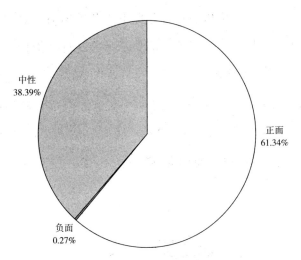

图 4-8　网友对"央视 Boys"的情感属性分析

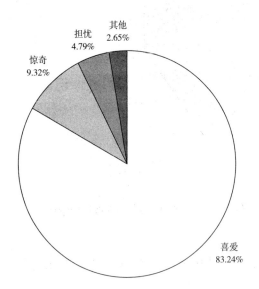

图 4-9　网友对"央视 Boys"的情绪分析

对于央视做出的这些改变，在受访的媒体行业人士中，多数人给予肯定。

传统媒体从来不缺资源与人才，如何以年轻人喜爱的方式去推进工作才是当下要考虑的问题。（6号受访者）

从市场的角度看，这也是正确选择。毕竟如果主流媒体一味保持高高在上的姿态，很容易失去年轻人的市场份额。"央视Boys"形象的出现可以看作一次成功的尝试。作为媒体从业者，多年来与年轻人打交道的经验告诉我，当代青年并不反感主流媒体及其所倡导的价值观，只是表达方式可以更加灵活。（5号受访者）

洛文塔尔在分析18世纪上半叶的戏剧和小说的内容转向时，发现新阅读阶层的兴起带来的新的社会特征和阅读心理期待是转向发生的主要原因（郭沛沛，2020），并认为作家"将无法再仅仅依靠书本知识进行创作，他必须成为他周围世界和人物的机敏的观察者。如果他犯错误，每一个'普通读者'都将发现"（甘锋，2015）。

综上，当代青年通过在短视频中的身体表演和自我叙事获取一种叙事身份，并将其作用于现实的行动世界之中，完成身份认同的确认与统一。同时，短视频中叙事身份的构建过程也是当代青年积累社会资本的过程。在当前的注意力经济时代，异质性和新职业形式备受热捧，一些青年通过这种方式突围，向高阶需求迈进，实现社会阶层的跃迁。短视频中当代青年叙事方式的展现也意味着某种社会心理的变迁，了解并理解当代青年的心理需求对于深耕文化领域的从业者来说，是必不可少的责任和义务。

三 "我"之嬗变：表达的"内卷"与成名的"幻象"

行文至此，短视频对于个体自我表达及叙事身份获取的贡献不言而喻，这也是短视频最被人认可与赞颂之处。然而正如身份认同本身一样，我们依然需要探讨其真实的空间。比如，对表达这一"形式"的一味强调而忘却对其原本内涵的坚守，对"我为什么要表达"的天然关心逐渐演化为"表达什么可以'火'"的功利追求，此时，不禁要问，短视频平台中的"表达"真的能够帮助个体达到自我实现的目的吗？

综观当下短视频平台，真正出于表达自我意图的内容，或者说，能够被人们看到的出于表达自我意图的内容越来越少，毕竟，平凡的生活在猎奇的心理面前竞争优势较小，毫无吸引力可言。抖音和快手号称注册用户数量均已超过七亿，但能被叫出名字、真正被人熟知的用户只是少数，大量普通人的声音在算法和用户心理的双重作用下无法广为人知，但这些普通用户构成短视频平台最稳固的根基。为了维持并增强用户黏性，短视频平台设置了一系列激发用户参与的主题活动与模板工具，卡点、变装、模仿充斥着整个平台，用户无须思考只要按照平台提示便可"一键生成"短视频，甚至连体现作者劳动的文案的创作者都奉行"拿来主义"。这种方式降低了视觉产品原本"工业化生产"的门槛，将成本降至所有人普遍拥有但却少有人意识到的最简单维度——人的身体与时间。而短视频中的呈现对象以"人"为主，但同质化的生产却进一步模糊了主体的特性，同一滤镜与美颜下的身体、同一口吻下的"表达"成为他们争夺目光的利器，用户在争相"行动"的同时却将"头脑"悬置，在不自觉中，最宝贵的"人"和时间同时沦为短视频平台的生产资料，源源不断，且主动补给。从这一角度上来说，抽空"意义"的空洞"表达"不过只是平台的一种"下沉策略"而已。

相较于工具的异化，更值得我们警惕的是人的"主动异化"。追求自我实现的动力来源于人的本质力量，路径也常表现为"人性能力"——认识世界与认识自我、变革世界与变革自我的现实力量的运用与发挥（杨国荣，2009），短视频平台中的用户积极参与展演，以"表达"肆意释放自己的"人性能力"，这无可厚非，"但这并不意味着其存在与现实作用必然合乎人性发展的方向。正如在一定的历史时期，劳动的异化往往导致人本身的异化一样，人性能力也包含着异化为外在手段和工具的可能"（杨国荣，2009），即存在"人性能力工具化"的风险。当"表达"不再只"以我口述我心"，当决断不再以价值为标准，"人"也便沦落为"人"的工具，看似勇往直前，实则不过闷头推着石头的西西弗，周而复始，却永远到不了顶峰。而面对诱人的流量，短视频平台中的"表达"与分享又一次次加剧用户的"内卷"与内耗，让他们带着虚幻的梦想"义无反顾"投身于新一轮的"负重之行"。或许，当下，对于希冀"表达"和"内容生产"的人们，只有首先回归到人自身"存在"的意义，才能真正找到"内容"

的意义。

短视频另一个被众多学者提及的价值是重构了连接。这与其作为新媒体的最新形态具有的社交属性有关。诚然，互联网是以趣缘来重新构建社交关系的场域，但"趣缘"并不等于"趣味"，可以说，互联网自诞生起，技术对人性的考验就从未停止。短视频中，大量充斥着"极美"和"极丑"两种极端的"表演"形式，其目的不外乎迎合人类的心理底层需求，在现有机制和规则下大打"擦边球"。几个简单动作的重复、几个拙劣的粗俗片段，与其说是"感性连接"的新形式，不如说是"低俗趣味"的漂亮外衣。不加限制、无限拓展的"内容"，其边界恐怕在人性和欲望底线的边缘。

对短视频趋之若鹜的原因还在于人类的另一个心理动机——"成名期待"。希望被关注、被认可是人的基本自尊需求，但随着技术的进步和社会的变迁，人们的心理也出现相应转变。一项研究发现，近 20 年来，美国青少年的价值观已发生了明显的变化，成名已成为青少年最重要的人生追求之一（胡玉亭等，2021）。短视频平台的出现无疑使这种转变成为可能并加剧了这种转变，50 多年前安迪·霍沃尔的两个著名预言——"未来，每个人都可能在 15 分钟内出名"和"每个人都能出名 15 分钟"被短视频

证明得淋漓尽致，只不过，短视频将上述预言中的第一个
15 分钟压缩至 15 秒甚至更短，但却将第二个 15 分钟永远
置于朦胧之中。伴随一些头部主播的"出圈儿"，这种"替
代强化"的作用愈发明显，"成名"似乎变成可期待、可实
现的愿望深深埋入公众心中。随着"内容创业"大潮的一
层层推进，越来越多的用户加入这一场"红海"，即使在
注册用户数趋于饱和的当下，快手发布的《2021 快手内容
生态半年报》显示，快手短视频平台每月平均新增内容创
作者仍逾 1000 万人（快手大数据研究院，2021），艾媒咨
询数据显示，市场中的 MCN 机构也由 2017 年时的 1700
多家增至现在的 28000 多家。

正如前文所述，大浪淘沙，万千人注定只能成为"风
口"的过客，勇立潮头的只有寥寥数人。某 MCN 机构创
始人在接受媒体采访时曾表示，超过 90% 的 MCN 机构目
前处于亏损状态（澎湃新闻，2021）。众人只知对那"15
分钟"的向往，殊不知背后暗藏多少让人难以理解的疯
狂。某"网红"在直播中被网友怂恿喝下农药不幸去世的
新闻引起社会对直播规范的再度探讨（央视网，2021），
同时引发对于短视频内容生态及"网红"的伦理价值的反
思。从社会资本的角度来说，"网红"这一身份（符号资
本）的获取本身即包含了他人的认可，并使个体获得进入

下个场域的资格。但作为一种"外部目标",已有研究发现,与内部目标相比,外部目标的获取并不总是利于个体主观幸福感的获得,过度关注回报和社会地位的提升反而会降低自我效能,丧失对于内心真正需求的关注(胡玉亭等,2021)。当喧嚣褪去、手机屏幕关闭,剩下的只有被"封印"在直播间的"网红",所谓"关系"不过是靠"电量"支撑的"易燃、易爆、易碎、易破"的不稳定商品,遵循市场经济原则兴起的社交关系,最终也必然归于市场经济的结果:以利相交,利尽而疏。更值得警惕的是,"内容创业"给予了当下年轻人重新选择生活方式的机会,但"奋斗"不该被"财富自由""阶层跃迁"的戾气裹挟,真正的社会交往通向的应该是自我实现和更大的社会责任,而不是以此名义对"人脉""关系"等陋习的回溯。

本书对于"移动短视频"这一新兴形态给个体及社会带来的积极影响当然持乐观态度,但外显的"功能""价值"及实现某一具体目标的"作用"并不等同于"意义",被过多解读出的潜在"效能"更不能为本质的"内容质量"做辩护。可以预见的是,随着通信技术进一步发展,短视频将在个体的日常生活与社会的信息系统中起到越来越重要的作用。作为一种新型的社会交往和文化交流平台,短视频内容生产和意义再现是不可回避的重点、难点问题。对于人类命运的关切及人生意义的思考，不仅是当下社会主流意识形态的呼唤，更是人类历史发展长河中永不该被遮蔽的议题。

结　语

　　"认识你自己"，这是古希腊人心中的箴言，也是千百年来留给哲学界和世人的终极命题。利科跳出传统主体理论的框架，强调话语的力量，认为主体可以以他者为中介回归自身，而叙事即是构建他者的过程，也是理解和把握叙事主体的过程，因此主体在叙事中完成对自我的解释，也就在叙事中获取了一种叙事身份。

　　当下，移动互联网带来了个人作为主体深度参与信息传播的方式及可能。当代青年积极投身于以短视频为主要形态的自我表达和身体表演中，以原生态的生命叙事宣告他们的存在，并在更广泛的互联网空间以及与他人的互动中，寻找和重构自身的身份认同。短视频的盛行及其彰显出的对于个体生命最原始、最本真的叙事力量已成为当代不容忽视的现象。其革新的意义，不仅体现为公众参与权利的下放，更意味着个体感知自我、重新连接社会，实现自我价值及重构社会交往空间的可能。

　　仍要提醒的是，利科的叙事理论虽为当代青年获取身份认同提供了一条可取的路径，但作为内心自洽的一种方式，叙事身份指向主体本身并不意味着叙事主体就抵达了主体自身，对于主体的认知和建构是一个不断反思和接近的过程。它如退向远处的星图，又如魔术般的莫比乌斯带，当你走近时却发现它在另一个维度。因而，利科只是给予了一种解释或提供了一种可能，但并没有终结这一终极命题。

参考文献

艾瑞咨询:《中国第一份女性自拍研究报告》,《艾瑞咨询系列研究报告》2015 年第 2 期。

〔匈〕巴拉兹·贝拉:《可见的人:电影精神》,安利译,中国电影出版社,2003。

白苏婷、秦龙、杨兰:《认同概念的多学科释义与科际整合》,《学术界》2014 年第 11 期。

〔古希腊〕柏拉图:《斐多》,杨绛译,辽宁人民出版社,2000。

〔法〕保罗·利科:《解释学与人文科学》,陶远华、冯俊等译,河北人民出版社,1987。

〔法〕保罗·利科:《虚构叙事中时间的塑形》,王文融译,生活·读书·新知三联书店,2003。

比达咨询:《2019 年第 3 季度中国短视频市场研究报告》,www.bigdata-research.cn,2019。

〔美〕彼得·布劳、奥蒂斯·杜德里·邓肯:《美国的职业结构》,李国武译,商务印书馆,2019。

〔美〕查尔斯·霍顿·库利:《人类本性与社会秩序》,包凡一、王湲译,华夏出版社,1999。

车文博:《弗洛伊德主义原理选辑》,辽宁人民出版社,1988。

陈先红:《论新媒介即关系》,《现代传播》2006年第3期。

陈永东:《短视频内容创意与传播策略》,《新闻爱好者》2019年第5期。

丁雷:《纪实短视频的生产传播创新与发展路向》,《出版广角》2018年第17期。

樊常亚:《大数据:短视频的全"竞"时代:三大趋势,四大升级》,http://news.jstv.com,2017。

樊义红:《从本质的认同论到建构的认同论》,《武汉科技大学学报》(社会科学版)2012年第2期。

〔瑞士〕费尔迪南·德·索绪尔:《普通语言学教程:1910~1911索绪尔第三度讲授》,张绍杰译,湖南教育出版社,2001。

冯寿农、黄钏:《保罗·利科诠释学的文本理论探析》,《厦门大学学报》(哲学社会科学版)2020年第1期。

冯智明:《身体消费及其多元呈现——以抖音、快手短视频中的个体展演实践为例》,《西南民族大学学报》(人文社会科学版)2020年第11期。

冯珠娣、汪民安:《日常生活、身体、政治》,《社会学研究》2004年第1期。

伏飞雄:《利科的存在论话语理论》,《符号与传媒》2018年第2期。

伏飞雄:《利科对时间问题的"叙述阐释"》,《文艺理论研究》2012年第2期。

付宇、桂勇:《当丰裕一代遭遇资产社会——解读当代青年的社会心态》,《文化纵横》2022年第2期。

甘锋:《洛文塔尔社会心理学视野中的接受理论研究》,《东南大学学报》(哲学社会科学版)2015年第6期。

高宏存、马亚敏:《移动短视频生产的"众神狂欢"与秩序治理》,《深圳大学学报》(人文社会科学版)2018年第6期。

高宣扬:《对话 迂回 反思 创造——悼念利科》,中国现象学网,https://philosophy.sysu.edu.cn/phaenomenologie/xzzl/xzgxy/3607.htm。

郭沛沛、杨石华:《"萌"的表现性实践:社交媒体中90后女性青年的身体表演和媒介使用》,《中国青年研究》

2020 年第 7 期。

郭沛沛:《"嘲笑"即礼遇:偶像"出圈"的传播研究——基于洛文塔尔社会心理学接受理论的分析视角》,《新闻界》2020 年第 8 期。

郭沛沛:《参与式传播:讲好中国故事新路径——从"我为新疆代言"活动出发》,《河南大学学报》(社会科学版)2022 年第 5 期。

郭沛沛:《对短视频内容、形式及意义的再思考》,《北京社会科学》2022 年第 8 期。

国家卫生健康委员会:《2021 年我国卫生健康事业发展统计公报》,www.nhc.gov.cn,2022。

韩梅:《自他如一的叙事主体——利科主体哲学研究》,《理论界》2012 年第 8 期。

韩少卿:《"戏精":短视频狂欢的新身体叙事》,《新闻爱好者》2018 年第 10 期。

何志武、董红兵:《可见性视角下移动短视频的空间生产、消费与价值悖论》,《新闻记者》2019 年第 10 期。

贺来:《"诗性"的自我创造与个人生活的目的》,《社会科学研究》2009 年第 2 期。

胡玉婷、洪建中、叶一舵、柴唤友:《网络时代的成名期望:研究与展望》,《华中师范大学学报》(人文社会科学版）2021年第1期。

华桦：《论当代大学生的身份认同危机》，《当代青年研究》2008年第10期。

黄剑：《身体维度下的自我认同》，《青海民族研究》2012年第1期。

黄志坚：《谁是青年？——关于青年年龄界定的研究报告》，《中国青年研究》2003年第11期。

极目新闻：《短视频与传统文化研究报告出炉，武大肖珺：抖音使传统文化再次走入社会生活中心》，https://baijiahao.baidu.com，2019。

靖鸣、朱彬彬：《我国短视频内容生产存在的问题及其对策》，《新闻爱好者》2018年第11期。

巨量算数：《2020抖音创作者生态报告》，www.100ec.cn，2020。

巨量引擎：《2019抖音文旅行业大数据报告》，www.sohu.com，2019。

巨量引擎：《视频社会生产力报告》，https://new.qq.com。

快手大数据研究院、《中国青年报》、红杉中国、神策数据：《2019小镇青年报告》，中国青年网，http://economy.youth.cn，2019。

冷熙亮:《14 岁至 35 岁: 当代青年的年龄界限》,《中国青年研究》1999 年第 3 期。

李丹丹、刘利凤:《保罗·利科: 文本价值的充分肯定者——略论保罗·利科的辩证解释学语言观》,《长春师范大学学报》(人文社会科学版) 2009 年第 7 期。

李毅红:《青年概念的当代阐释》,《北京行政学院学报》2007 年第 5 期。

李作霖:《身份认同与文学批评》,《中国文学研究》2012 年第 2 期。

刘汉波:《表情包文化: 权力转换下的身体述情和身份建构》,《云南社会科学》2017 年第 1 期。

刘惠明:《"被叙述的自身"——利科叙事身份/认同概念浅析》,《现代哲学》2010 年第 6 期。

刘惠明:《作为中介的叙事: 保罗·利科叙事理论研究》, 中国出版集团, 2013。

刘慧姝:《罗洛·梅的存在主义思想研究》,《兰州大学学报》(社会科学版) 2016 年第 1 期。

刘欣:《保罗·利科的"话语事件"思想》,《安徽师范大学学报》(人文社会科学版) 2016 年第 3 期。

刘欣:《叙述智力、情节编排与身份认同——论保罗·利科的叙述动力学》,《安徽师范大学学报》(人文社会科学版）2013 年第 1 期。

〔美〕罗洛·梅:《人的自我寻求》,郭本禹、方红译,中国人民大学出版社,2008。

马梦琪:《短视频"拟像"环境对社交心理的影响》,《大众文艺》2019 年第 3 期。

〔法〕米歇尔·福柯:《规训与惩罚》,刘北成、杨远婴译,生活·读书·新知三联书店,2012。

〔美〕欧文·戈夫曼:《日常生活中的自我呈现》,黄爱华、冯钢译,浙江人民出版社,1989。

澎湃新闻:《内容创业,告别黄金时代》,https://m.thepaper.cn。

澎湃新闻:《吴玉圣:侗族贫困村到"快手村"的变形记》,www.thepaper.cn,2019。

前瞻产业研究院:《2020 年中国直播电商研究报告》,https://bg.qianzhan.com,2020。

〔美〕乔治·赫伯特·米德:《心灵、自我与社会》,霍桂桓译,华夏出版社,1999。

〔法〕让·鲍德里亚:《消费社会》,刘成富、全志钢译,南京大学出版社,2000。

人民日报中国品牌发展研究院:《中国视频社会化趋势报告（2020）》,http://it.people.com.cn,2020。

汝绪华、吴佳璇：《归因视角下公众参与邻避事件的动机及治理》，《青岛科技大学学报》（社会科学版）2016 年第 1 期。

〔英〕斯图亚特·霍尔：《编码/解码》，王广州译，载罗钢、刘象愚主编《文化读本研究》，中国社会科学出版社，2000。

宋建武、黄淼：《移动化：主流媒体深度融合的数据引擎》，《传媒》2018 年第 3 期。

苏文亮、张文静：《自恋与自拍——移动社交时代的新话题》，《福州大学学报》（哲学社会科学版）2019 年第 1 期。

谭文若：《网络群体成员身份认同的建构途径——以"绝望主妇"迷群为例》，《新闻界》2012 年第 17 期。

唐裕雯：《脱贫致富是"丁真们"的努力和成功》，www.cermn.com。

陶东风：《消费文化语境中的身体美学》，《马克思主义与现实》2010 年第 2 期。

陶家俊：《身份认同导论》，《外国文学》2004 年第 2 期。

联合国教科文组织：Report on Youth，联合国教科文组织官网，http://unesdoc.unesco.org，1968。

汪民安、陈永国：《身体转向》，《外国文学》2004 年第 1 期。

汪堂家:《文本、间距化与解释的可能性——对利科"文本"概念的批判性解释》,《学术界》2011 年第 10 期。

汪雅倩:《"新拟态环境":短视频博主的人格化表达及其对用户的影响研究》,《中国青年研究》2020 年第 1 期。

王超:《奇观症候、日常化表演与交互主体性——直播和短视频中的身体表演》,《新闻爱好者》2020 年第 6 期。

王宁:《消费与认同——对消费社会学的一个分析框架的探索》,《社会学研究》2001 年第 1 期。

王瑞鸿:《身体社会学——当代社会学的理论转向》,《华东理工大学学报》(社会科学版)2005 年第 4 期。

王晓红、任垚媜:《我国短视频生产的新特征与新问题》,《新闻战线》2016 年第 17 期。

王歆:《认同理论的起源、发展与评述》,《新疆社科论坛》2009 年第 2 期。

王莹:《身份认同与身份建构研究评析》,《河南师范大学学报》(哲学社会科学版)2008 年第 1 期。

王正中:《新媒体交互叙事中的身份认同》,《安徽大学学报》(哲学社会科学版)2017 年第 3 期。

王正中:《叙事建构论的四重关系》,《当代文坛》2017 年第 4 期。

王志、贾媛媛:《文艺类短视频: 自我审美和大众欢娱》,《中国文艺评论》2020 年第 3 期。

《网红直播喝农药自杀去世 起哄网友是否需要担责?》,央视网, https://news.cctv.com, 2021。

未来网:《"1 岁"短视频正崛起》, http: //k.sina.com.cn。

文军:《身体意识的觉醒: 西方身体社会学理论的发展及其反思》,《华东师范大学学报》(哲学社会科学版)2008 年第 6 期。

吴飞:《个人同一性理论的叙事学向度》,《中国社会科学报》2020 年第 2 期。

吴佳燕:《一块拼图的存在感》,《长江文艺》2015 年第 8 期。

吴烨宇:《青年年龄界定研究》,《中国青年研究》2002 年第 3 期。

武汉大学媒体发展研究中心、字节跳动平台责任研究中心:《抖擞传统: 短视频与传统文化研究报告》,中国文艺网, www.cflac.org.cn, 2019。

郗杰英、杨守建:《"谁是青年"再讨论》,《中国青年研究》2008 年第 8 期。

辛斌:《福柯的权力论与批评性语篇分析》,《外语学刊》2006 年第 2 期。

《无腿舞者：助残逐梦 绽放生命芳华》，新华网，www.news.cn，2023。

熊茵、季莹莹：《从"内容平台"到"关系平台"：抖音短视频的属性变迁探析》，《编辑学刊》2019 年第 4 期。

徐丹、李倩：《移动互联网时代的短视频与直播》，《新闻战线》2017 年第 15 期。

徐望：《基于"技术文化互动论"视域解读短视频》，《新疆社会科学》2019 年第 3 期。

许永超、陈俊峰：《从记录到表达与表演——对社交网络使用行为的分析》，《新闻界》2015 年第 19 期。

〔挪威〕雅各布·卢特：《小说与电影中的叙事》，徐强译，北京大学出版社，2011。

闫旭蕾：《个体社会化之管窥——身体社会学视角》，《教育研究与实验》2008 年第 4 期。

燕燕：《梅洛-庞蒂：具身意识的身体》，《世界哲学》2010 年第 4 期。

杨大春：《身体经验与自我关怀——米歇尔·福柯的生存哲学研究》，《浙江大学学报》（人文社会科学版）2000 年第 4 期。

杨国荣：《论意义世界》，《中国社会科学》2009 年第

4 期。

〔美〕约翰·费斯克:《理解大众文化》,王晓珏、宋伟杰译,中央编译出版社,2001。

〔荷兰〕约斯·德·穆尔:《从叙事的到超媒体的同一性——在游戏机时代解读狄尔泰和利科》,吕和应、陈新译,《学术月刊》2006 年第 5 期。

曾光明:《竖屏 57 秒是短视频的工业标准,也是与 90 后沟通的最佳方式》,www.tmtpost.com。

曾一果:《网络女主播的身体表演与社会交流》,《西北师大学报》(社会科学版)2018 年第 1 期。

张慧喆:《虚假的参与:论短视频文化"神话"的幻灭》,《现代传播》2019 年第 9 期。

张淑华、李海莹、刘芳:《身份认同研究综述》,《心理研究》2012 年第 1 期。

张莹瑞、佐斌:《社会认同理论及其发展》,《心理科学进展》2006 年第 3 期。

赵方杜、侯钧生:《论身体社会学的产生与思考》,《理论与现代化》2010 年第 2 期。

赵方杜:《身体社会学:理解当代社会的新视阈》,《华东理工大学学报》(社会科学版)2012 年第 4 期。

赵娜、谭天:《我国短视频创意初探》,《新闻爱好者》

2019 年第 4 期。

赵志裕、温静、谭俭邦:《社会认同的基本心理历程——香港回归中国的研究范例》,《社会学研究》2005 年第 5 期。

郑雯、付宇、桂勇:《大学生群体对社会主要问题的认知变迁与积极心态培育——基于"中国大学生社会心态调查(2015-2020)"的经验研究》,《人民论坛》2023 年第 3 期。

郑震:《身体:当代西方社会理论的新视角》,《社会学研究》2009 年第 6 期。

中国电视剧制作产业协会:《中国电视剧(网络剧)产业调查报告》,www.chinanews.com.cn,2019。

中国互联网络信息中心:《第 51 次中国互联网络发展状况统计报告》,https://cnnic.cn,2023。

中国网络视听节目服务协会:《中国网络视听发展研究报告(2023)》,http://sc.people.com.cn,2023。

《北京字节跳动 CEO 张楠:生活成就抖音,抖音丰富生活》,中国新闻网,http://m.haiwainet.cn,2020。

周宪:《认同建构的宽容差异逻辑》,《社会科学战线》2008 年第 1 期。

周宪:《文学与认同:跨学科的反思》,中华书局,

2008。

周晓虹：《试论当代中国青年文化的反哺意义》，《青年研究》1988 年第 11 期。

朱杰、崔永鹏：《短视频：移动视觉场景下的新媒介形态——技术、社交、内容与反思》，《新闻界》2018 年第 7 期。

朱靖江、高冬娟：《虚拟社区中自我认同的反身性重构——基于移动短视频应用快手的人类学研究》，《民族学刊》2019 年第 4 期。

《2019 抖音数据报告》，https：//baijiahao.baidu.com，2019。

《2020 年我国电商直播市场规模达 9610 亿元》，环球网，https://m.huanqiu.com，2021。

《2022 非遗数据报告》，澎湃网，https：//m.thepaper.cn，2022。

Blau, P.M., and Duncan, O.D.(1967). *The American Occupational Structure*. New York: John Wiley and Son.

Bourdieu, P. (1986). The forms of capital. *Handbook of Theory and Research for the Sociology of Education*. New York: Greenwood press.

Carey, J.W. (1989).*Communication as Culture: Essays on*

Media and Society. Boston: Unwin Hyman. pp.13-36.

Deleuze, G.（1986）. *Cinema 1: The Movement-Image*. Trans.by Hugh Tomlinson and Barbara Habberjam.Minneapolis: University of Minnesota Press.

Erikson, E.H.（1959）.*Identity and the Life Cycle: Selected Papers*. New York: International Universities Press.

Foucault, M. (1982). The Subject and Power. *Critical Inquiry*. Chicago: The University of Chicago Press.

Mauss, M.（2006）.Techniques of the Body.in Schlanger, N., *Techniques, Technology and Civilisation*. New York: Durkheim Press.

Merleau-Ponty, M.（2002）.*Phenomenology of Perception*. Trans. by Colin Smith.London: Routledge.

Nietzsche, F.W.（1917）. *Thus Spake Zarathustra*. Trans.by Thomas Common. New York: Boni and Liveright, Inc.

Putnam, R. D.(2000). *Bowling Alone: The Collapse and Revival of American Community*. New York: Simon and Schuster.

Ricoeur, P.（1981）. *Hermeneutics and the Human Sciences: Essays on Language, Action and Interpretation*. Trans.by John B. Thompson. New York: Cambridge University Press.

Ricoeur, P.（1984）. *Time and Narrative*. Trans. by Kathleen

McLaughlin and David Pellauer. Chicago: The University of Chicago Press.

Ricoeur, P. （1985）.The Text as Dynamic Identit, *Identity of the Literary Text*.Toronto: University of Toronto Press.

Ricoeur, P. （1991）. Mimesis and Representation, *A Ricoeur Reader: Refection and Imagination*. Toronto: University of Toronto Press.

Ricoeur, P. （1991）. Narrative Identity. *On Paul Ricoeur: Narrative and Interpretation*. London: Routledge.

Tajfel, H. & Turner, J.C. (1986). The Social Identity Theory of Intergroup Behavior. in Worchel, S. and Austin, W.G., *Psychology of Intergroup Relation*. Chicago:Nelson Hall.

Tajfel, H. (1978). *Differentiation between Social Groups: Studies in the Social Psychology of Intergroup Relations*.London: Academic Press.

Williams, D. (2006). On and off the Net: Scales for Social Capital in an Online Era. *Journal of Computer Mediated Communication*（02）.

图书在版编目 (CIP) 数据

短视频平台中的身体表演与身份认同 / 郭沛沛著
. -- 北京：社会科学文献出版社，2023.9（2025.1重印）
ISBN 978-7-5228-2334-8

Ⅰ.①短…　Ⅱ.①郭…　Ⅲ.①互联网络－影响－青年
－社会交往－研究　Ⅳ.①C912.3

中国国家版本馆CIP数据核字（2023）第153185号

短视频平台中的身体表演与身份认同

著　　者 /	郭沛沛
出 版 人 /	冀祥德
组稿编辑 /	任文武
责任编辑 /	郭　峰
文稿编辑 /	张静阳　田正帅
责任印制 /	王京美

出　　版 / 社会科学文献出版社 · 生态文明分社（010）59367143
　　　　　　地址：北京市北三环中路甲29号院华龙大厦　邮编：100029
　　　　　　网址：www.ssap.com.cn
发　　行 / 社会科学文献出版社（010）59367028
印　　装 / 唐山玺诚印务有限公司

规　　格 / 开　本：880mm×1230mm　1/32
　　　　　　印　张：6.125　字　数：105千字
版　　次 / 2023年9月第1版　2025年1月第2次印刷
书　　号 / ISBN 978-7-5228-2334-8
定　　价 / 88.00元

读者服务电话：4008918866